LE DROIT

DE

CHARLES VII

AU TRONE D'ESPAGNE

DÉMONTRÉ

AU POINT DE VUE HISTORIQUE ET LÉGAL

PAR

LE COMTE DEL PINAR

BAYONNE

IMPRIMERIE-LIBRAIRIE E. LASSERRE, RUE ORBE, 20

1873

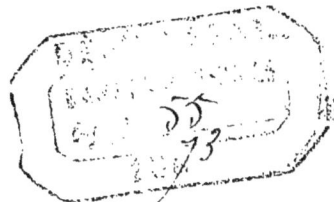

PRÉFACE

Avant de prendre la plume pour rédiger un travail que je destine moins à mes compatriotes qu'aux hommes honnêtes et sensés de tous les pays, et dont la bonne foi aurait pu être surprise par les arguments allégués dans la brochure qui va m'occuper, j'ai hésité quelques instants

J'étais loin de croire qu'après tout ce qui a été dit, discuté et publié sur la question du droit au trône d'Espagne, il pût se rencontrer quelqu'un qui osât soutenir au point de vue historique et légal la légitimité des prétentions de Doña Isabelle ou de son fils Don Alphonse.

Il y a quelque temps cependant, parcourant

une correspondance de Paris adressée à un journal alphonsiste ou *modéré* de Madrid, j'ai trouvé qu'on applaudissait avec enthousiasme à l'idée d'avoir traduit en français et distribué à tous les députés de l'Assemblée de Versailles, à tous les journaux et à tous les cercles de Paris, une brochure publiée par Don Placide-Marie de Montoliu en faveur de Don Alphonse. Le journal dont je parle étant assez peu sérieux et, quoique se disant modéré, si parfait révolutionnaire, qu'il n'a pas même hésité à imprimer que, non content de dire : *Plutôt le pétrole que Don Carlos*, il fallait crier : *Plutôt le démon que Don Carlos!* je n'ai pas fait grande attention à ce que disait la correspondance parisienne.

L'opinion d'un autre journal alphonsiste plus sensé m'a fait prendre l'affaire plus au sérieux.

Il félicitait l'auteur, le comblait d'éloges, et lui accordait même le titre d'éminent jurisconsulte.

J'ai appris enfin qu'une partie de la presse de Paris s'occupait d'une manière tout-à-fait favorable de la dite brochure. Cela m'a paru grave.

Il ne manque pas en Espagne des avocats assez habiles pour faire paraître bonnes les causes

les plus mauvaises, et capables de dissimuler la
vérité aux plus clairvoyants. Il y en a même qui
ne sont bons que pour cela.

Le parti modéré aurait-il trouvé un tel avo-
cat? aurait-il réussi par ce moyen à tromper
l'opinion de ceux qui cherchent la vérité sans
parti pris? Voilà ce que je me disais, voilà ce
que je craignais.

Ayant fait cependant des études assez sérieuses sur la question du droit à la couronne d'Espagne, ayant lu à diverses reprises presque tout
ce qui a été publié sur cette question, ayant
même écrit quelques pages pour prouver le droit
de Don Carlos, je n'avais pas peur de combattre;
je me trouvais même entraîné à la lutte par une
force invincible. Parfaitement sûr de la victoire,
je cherchais, je voulais trouver, à quelque prix
que ce fût, ce nouvel adversaire de la légitimité
jusqu'à présent parfaitement inconnu. J'ai eu
d'abord beaucoup de peine à me procurer sa brochure. Je la lus avec avidité. Quel désappointe-
ment! Je m'étais figuré, d'après les éloges des
journaux alphonsistes, que j'aurais affaire à un
chef-d'œuvre, et à ce moment la victoire me parut
si facile qu'il n'y avait pas de mérite à l'obtenir.

Quel intérêt, disais-je, peut-il y avoir à réfuter une brochure qui n'est que la reproduction servile d'arguments auxquels on a déjà maintes fois victorieusement répondu ? Tel était le motif de l'hésitation dont je parlais plus haut.

Si elle eût été publiée en espagnol seulement, je ne m'en serais pas occupé ; mais sa traduction en français, sa distribution à tous les députés de Versailles, à tous les journaux et à tous les cercles de Paris, m'ont fait voir dans sa publication une des manœuvres habituelles du parti modéré, qui n'a jamais négligé aucun moyen, quel qu'il fût, de combattre la cause carliste. S'il est déjà très difficile aujourd'hui de surprendre la bonne foi des Espagnols, il n'en est pas de même par rapport aux étrangers.

Ceux d'entre eux qui liront la brochure de M. de Montolia pourront se tenir en garde contre ce qu'il dit en voyant — ce qui n'est pas difficile — l'esprit de répugnante partialité qui guide sa plume ; mais est-il croyable que la plupart porteront un si vif intérêt à la question dont il s'agit que d'en faire une étude approfondie ? Iront-ils employer leur temps à chercher les textes historiques et les originaux des lois et des autres documents pour contrôler les faits et les citations des historiens sur lesquels se base la déplorable défense que M. de Montoliu a tenté de faire du droit de Don Alphonse? Iront-ils s'enquérir de tout ce qu'il a caché, inventé, mutilé, falsifié ; de toutes les fausses interprétations qu'il a données à nos lois, de toutes les applications erronées qu'il en a faites ? Et quand bien même il s'en trouverait sur le nombre quelques-uns qui pourraient avoir un tel intérêt, leur serait-il facile de se procurer tous ces textes et tous ces originaux ? Voilà ce qui m'a décidé à entreprendre ce petit travail.

Je vais suivre mon adversaire pas à pas ; je vais le combattre chapitre par chapitre, mot par mot, certain de lui prouver ou bien qu'il est l'homme le plus ignorant de notre histoire nationale, ou bien qu'il a agi avec une insigne mauvaise foi en remettant en question une chose qui n'admet plus de doute.

LE DROIT

DE CHARLES VII

AU TRONE D'ESPAGNE

CHAPITRE Ier

Quel a été le véritable ordre de succession à la couronne
d'Espagne depuis Pélage jusqu'à Philippe V ?

Quant aux quatre premiers siècles de la monarchie de Pélage, ce n'est pas moi qui me chargerai
de répondre à M. de Montoliu ; je laisserai ce soin
à un auteur qui ne saurait lui être suspect, à un
homme aussi libéral que lui : au célèbre Marina,
qui a eu la triste gloire d'employer sa vaste
érudition à la propagation des idées libérales en
Espagne. «Au commencement du douzième siècle,
dit-il, « il n'existait pas encore de lois fondamen-

« tales du royaume par rapport à la succession
« héréditaire, ni de coutume fixe et constante sur
« un point aussi grave de la constitution politique.»

L'autorité de Marina, incontestable pour les
libéraux, pourrait bien m'épargner la peine de
m'occuper de tout ce que dit M. de Montoliu par
rapport à ses deux premières reines Ormesinde et
Adosinde, s'il ne s'agissait que de démontrer que
l'ordre établi dans ces temps-là n'était pas celui de
la succession régulière, comme les partisans
d'Isabelle ont voulu le supposer. Mais comme
l'auteur ne nie pas l'absence de la loi de succession,
mais qu'il nous présente l'élévation d'Ormesinde
et d'Adosinde au trône des Asturies comme l'effet
d'une coutume qui formait et préparait graduellement la loi, ce qu'il faut lui prouver, c'est la non-
existence de la coutume dont il parle. Pour cela,
rien de mieux que de lui faire observer que ni
Ormesinde ni Adosinde n'ont jamais été véritable-
ment reines, ni n'en auraient eu le droit, mais ont
été seulement femmes de rois. Elles ne se trouvent
pas même dans le cas de ces autres princesses
dont nous parlerons après, qui, par défaut de
descendance masculine dans la famille royale, ont
hérité de leur père ou de leur frère, mais toujours
seulement afin de transmettre la couronne à leur
mari ou à leurs fils; non. Elles n'ont été reines
que tant qu'elles ont été épouses de rois, c'est-à-
dire qu'il est entièrement contraire à la vérité
historique d'affirmer, comme le fait M. de Montoliu,

que la couronne ait passé de Favila à Alphonse Ier par l'intermédiaire d'Ormesinde et de Fruela, et d'Aurélien à Silo par celui d'Adosinde. Dans aucun des deux cas, elle n'a passé que directement. Où donc l'auteur que je combats a-t-il appris l'élévation d'Ormesinde au trône de Pélage? quel est l'historien qui en parle?

Tout le monde sait parfaitement qu'à la mort de Favila, ce n'est pas Ormesinde qui a été proclamée reine, mais son mari Alphonse qui a été proclamé roi. C'est un fait avéré, indubitable, et sur lequel il n'y a eu jamais de discussion. On m'objectera peut-être qu'il a été élevé au trône à cause de sa femme Ormesinde. Les historiens n'en disent rien ; mais ce que nous savons d'une manière positive, c'est qu'il était le plus proche agnat de Favila et de Pélage. En tout cas, ce qu'il y a de certain, c'est que M. de Montoliu se trouve en complète opposition avec la vérité historique en affirmant qu'Ormesinde a occupé le trône de son père.

Que dirai-je de ce qu'il nous raconte par rapport à Adosinde, fille d'Alphonse Ier et sœur de Fruela? Il la déclare reine tout comme Ormesinde, malgré tous les historiens qui nous apprennent que ce n'est pas elle, mais son mari Silo, qui a été élevé au trône. Cependant l'auteur, comprenant sans doute tout ce qu'il y a de dangereux, pour la cause qu'il soutient, de s'appuyer sur le prétendu règne d'A-dosinde, ne nous dit que très-peu de mots sur les quatre successions intermédiaires entre Fruela et son fils Alphonse II.

A la mort de Fruela, la couronne ne fut pas placée sur la tête de son fils, mais sur celle de son cousin Aurélien, sans que la mort de celui-ci laissât libre au jeune Alphonse le chemin du trône, sur lequel fut élevé Silo, époux d'Adosinde, sœur de Fruela. L'auteur a compris parfaitement que si, au lieu de Silo, on eût placé sur le trône Adosinde, comme il l'affirme tout carrément, ce fait prouvant trop ne prouverait rien : *Qui nimis probat nihil probat.* En effet, il prouverait que cette loi, qu'il nous peint formée et préparée graduellement par la coutume, n'était pas celle de la succession régulière, mais une autre en vertu de laquelle les femmes des lignes transversales seraient préférées aux mâles de la ligne droite. Quelle monstruosité! Telle est cependant la conséquence qui se déduit logiquement de l'affirmation de l'éminent jurisconsulte M. de Montoliu.

Mais non; heureusement pour l'honneur de nos ancêtres, ils ne peuvent être accusés d'avoir jamais essayé d'établir une coutume ou une loi si bizarre. Ce n'est pas Adosinde, et je m'appuie sur le témoignage de tous les historiens, mais Silo qui a été mis sur le trône après Aurélien.

Pour le cas d'Ormesinde, je vais présenter un dilemme dont je demande la solution à l'éminent jurisconsulte : Ou Ormesinde a survécu à son mari Alphonse 1er, ou elle est morte avant lui. Les historiens n'en disent rien, du moins qu'il m'en souvienne. Dans la première hypothèse, si elle eût été la reine et son mari seulement gouverneur du royaume, après la mort de celui-ci elle aurait dû régner seule quelque temps ou elle aurait abdiqué en faveur de son fils; au contraire, si elle fût morte avant son mari, son fils aurait dû ceindre la couronne et Alphonse aurait dû cesser de gouverner. Dans l'un ou l'autre cas, ce serait d'elle que Fruela aurait hérité. Mais il n'a hérité que de son père Alphonse Ier. *Ergo*....

Par rapport à Adosinde, on pourrait faire une observation pareille; mais il faut, avant tout, détruire les erreurs que l'éminent jurisconsulte a laissé glisser de sa plume. Aurélien fut couronné à la suite du meurtre de Fruela Ier. M. de Montolin suppose qu'il était frère de ce dernier, tandis que la plupart des historiens affirment qu'il n'était que son cousin. Nous verrions donc, si cela était exact, un mâle d'une ligne transversale préféré à un mâle de la ligne droite et à une femme d'une autre ligne transversale plus immédiate. Mais pourquoi l'éminent publiciste supprime-t-il les deux règnes intermédiaires entre Silo et Alphonse-le-Chaste ? « A la mort, dit-il, de Silo et d'Adosinde, leur « successeur fut Alphonse. » Deux lignes, deux erreurs. La manie de falsifier l'histoire est telle qu'il suppose que le successeur de Silo ne monta sur le trône qu'après sa mort et celle de sa femme. Et ce n'est pas vrai. Adosinde, quoiqu'elle survécût à son mari, ne régna pas un seul moment, comme il aurait dû arriver si elle eût été la souveraine — et c'est là l'observation dont je parlais —; mais on donna à son mari un successeur immédiatement après sa mort. Et ce successeur n'a pas été Alphonse II, comme l'auteur le dit, mais le bâtard Mauregat. A la mort de celui-ci, ses enfants furent écartés, et on mit sur le trône Vérémond-le-Diacre, qui était frère d'Aurélien. Pourquoi, dis-je encore, l'auteur nous a-t-il caché ces deux règnes, surtout celui de Vérémond? Sans doute, il a eu honte d'en parler : il a compris qu'en parlant de Vérémond, la conclusion qui se déduirait naturellement du fait de la proclamation d'Adosinde, serait qu'elle avait été proclamée non-seulement au mépris d'un mâle de la ligne droite, mais encore d'un frère du feu roi. Il a trouvé cela un peu fort, et il a eu raison.

Ce que l'histoire et la critique nous apprennent par rapport à ce temps de transition de la monarchie élective à la monarchie héréditaire, c'est que l'élection établie dans l'ancienne monarchie des Goths avait été remplacée par une espèce d'acclamation qui plaçait la couronne sur la tête de celui d'entr'eux qui, se trouvant plus près du trône, était considéré par son âge ou d'autres circonstances particulières, même par la faveur juste ou injuste dont il jouissait chez ce peuple guerrier, comme le plus digne de la porter et le plus capable de continuer les conquêtes. Jamais, par conséquent, elle n'était placée sur la tête d'une femme.

Plus tard, quand déjà une espèce d'ordre de succession héréditaire commençait à s'établir, nous trouvons un fait constant : que, contrairement à ce que l'auteur affirme, jamais une seule femme n'a hérité de la couronne, dans les royaumes de Castille et de Léon, que pour la transmettre à son mari ou à son fils, et seulement lorsqu'il n'y avait pas d'agnats mâles dans la famille royale. Je le prouverai par les faits mêmes sur lesquels l'auteur s'appuie, et je démontrerai que, par la manière dont il les a présentés, il a manqué à la vérité historique, en se permettant d'en tirer des conséquences qui se trouvent en parfaite opposition avec elle.

Voyons ce qu'il dit par rapport au premier fait qu'il cite :

« Celui-ci (Don Sancho comte de Castille) étant
« décédé sans descendance mâle, ce fut sa fille
« Doña Elvire qui lui succéda.

« Elle était mariée à Don Sancho roi de Navar-
« re, qui devint roi de Castille. Ici se renouvelle
« l'exemple d'une femme héritant de la couronne
« et d'un roi exerçant les droits de son épouse.

« A cette époque, à la mort de Don Sancho, y
« avait-il des agnats mâles de la ligne paternelle
« ou des aïeux qui réclamaient la couronne par
« préférence à Doña Elvire ? L'histoire ne nous le
« dit pas, et de son silence nous devons inférer

« non pas qu'il ne subsistait aucun prince de la
« souche qui pût s'intituler *prétendant* (il est à
« présumer, au contraire, qu'il devait en subsister
« quelques-uns à un degré plus ou moins rappro-
« ché), mais qu'il ne fit pas valoir ses préten-
« tions. »

On voit que l'auteur, pour émettre cette supposition, s'appuie précisément sur le silence de l'histoire par rapport à l'existence ou à la non-existence d'agnats mâles de la ligne paternelle de
Doña Elvire. Ou il n'a pas même feuilleté cette
partie de l'histoire, ou il a voulu tromper ses lecteurs. L'histoire, loin de se taire sur ce point-là,
nous fait savoir qu'il n'existait pas un seul agnat
mâle de la ligne paternelle.

Voyons ce qu'elle nous apprend. Quel est le
prince qui doit être considéré comme la souche de
la famille royale de Castille ? Le premier souverain,
le comte Fernand Gonzalez. Eh bien! celui-ci a eu
quatre fils, mais un seul lui a survécu, Garci-
Fernandez (les autres étant décédés sans successeur du vivant de leur père). Celui-ci n'eut qu'un
fils, Sancho Garcia, lequel n'eut non plus qu'un
fils, Garcia, et deux filles, dont l'aînée, Doña Elvire, fut l'épouse de Don Sancho III roi de Navarre. Garcia étant allé à Léon pour épouser Doña Sancha, sœur du roi Don Bermudo III, y fut massacré
par trois frères castillans que son père avait exi-
lés. Ce fut alors que Don Sancho de Navarre fit
valoir les droits de sa femme.

Il reste donc parfaitement prouvé qu'à cette époque il n'existait pas un seul agnat mâle de la ligne du père et des aïeux de Doña Elvire, et que l'auteur, en essayant de faire présumer le contraire, a complètement manqué à cette impartialité que doit avoir tout écrivain.

L'histoire nous parle expressément de la désolation des Castillans n'ayant pas un seul mâle de la famille royale entre les mains duquel ils pussent remettre l'autorité souveraine. Elle nous apprend aussi que si Don Sancho réussit dans ses prétentions, ce ne fut qu'à la faveur d'un traité qu'il conclut avec le roi de Léon, Bermudo III. Il fut convenu dans ce traité que Ferdinand, fils puîné de Don Sancho et de Doña Elvire, occuperait le trône de Castille, et qu'il épouserait Doña Sancha, sœur de Don Bermudo.

Pour suivre fidèlement les pas de l'auteur, il nous faut revenir à Léon pour nous occuper un peu de Doña Sancha. L'ordre des faits le réclame d'un autre côté, puisque nous sommes arrivés à une époque où les deux couronnes de Castille et de Léon vont se placer sur une seule tête. Voyons ce que nous dit l'histoire.

Bermudo III, regrettant les concessions qu'il avait faites, dans le traité ci-dessus mentionné, à sa sœur Doña Sancha et à son mari Ferdinand Iᵉʳ de Castille, déclara la guerre à celui-ci à la mort de D. Sancho de Navarre, et se porta sur la Castille à la tête d'une nombreuse armée. Il y fut vaincu et tué par son ennemi, appuyé des Navarrais; et Ferdinand se rendit maître de ses états. Voilà pourquoi plusieurs historiens des plus anciens et des plus graves prétendent que le royaume de Léon ne fut pas hérité par Doña Sancha, mais conquis par son mari. Ce qui est certain, c'est que Ferdinand se considérait tellement propriétaire du royaume de Léon, que par son testament il le divisa, en même temps que celui de Castille, entre ses enfants.

Cependant, supposons qu'il n'y ait rien d'exact en tout cela, et que Doña Sancha fût reine propriétaire de Léon, comme l'auteur le prétend. Elle ne l'aurait été que par défaut absolu d'agnats mâles dans la famille royale. Je vais en donner la preuve, mais en faisant observer une autre supercherie de M. de Montoliu.

« Don Bermudo III roi de Léon, dit-il, mourut
« sans hoirs masculins, et fut remplacé sur le
« trône par sa propre fille, épouse du roi de Castille
« Ferdinand Ier. L'histoire est, aussi, bien muette
« sur le compte des agnats masculins de la
« branche paternelle de Don Bermudo. Ce serait,
« dans tous les cas, une curieuse coïncidence qu'il
« n'existât pas non plus d'héritiers du même sexe
« dans la branche maternelle, au moment où une
« femme succédait sans contexte; et cette remar-
« que nous conduirait à conjecturer que très
« probablement la postérité masculine ne faisait
« pas défaut, mais qu'elle ne revendiqua pas. »

En lisant ces mots *qu'il n'existât pas non plus d'héritiers du même sexe dans la branche maternelle*, j'ai eu honte de voir échapper à la plume d'un jurisconsulte espagnol une absurdité telle que celle de supposer que les parents de la femme puissent quelquefois, comme tels, hériter des droits du mari.

Mais heureusement, ayant à la main l'original espagnol, j'ai pu comparer la traduction avec le texte, et j'ai vu que les mots que je viens de copier ne se trouvent pas dans l'original; ils ne sont qu'une falsification du traducteur français. Ce n'est pas la seule, comme nous aurons l'occasion de l'observer, dont il se soit rendu coupable.

Nous venons de voir ce qu'il fait dire à l'auteur; voyons maintenant ce que l'auteur dit réellement.

« Don Bermudo III, roi de Léon, mourut sans
« hoirs masculins, et fut remplacé sur le trône
« par sa propre fille Doña Sancha, épouse du roi
« de Castille Ferdinand Ier. L'histoire ne dit pas
« non plus qu'il y eût des réclamations de la part
« d'aucun agnat mâle de la ligne des pères et des
« aïeux de Don Bermudo; et s'il n'en existait pas,
« ce serait une coïncidence singulière que, dans
« de pareils cas de succession d'une femme, il
« n'y eût aucun mâle d'aucune des lignes; et la
« critique nous porterait à croire, avec plus de
« chances de probabilité, qu'il y en avait, mais
« qu'ils ne réclamèrent pas. »

On voit bien la différence qui existe entre la tra-

duction et l'original. Celui-ci ne mentionne même
pas la ligne maternelle. Encore il est irresponsa-
ble d'une erreur grave que l'on trouve dans la
traduction. Le traducteur est si ignorant de notre
histoire, que, non content de dire que Doña Sancha
a succédé à Don Bermudo, il la fait succéder
sans conteste, précisément quand l'avènement de
Ferdinand au trône de Léon est un fait qui a produit les dissensions et les perturbations les plus
graves, les plus profondes et les plus longues
dans ce royaume. Ferdinand Ier, malgré toutes ses
hautes qualités, ne mit pas moins de seize ans à
calmer la haine de ceux qui se trouvaient irrités
contre son gouvernement et à apaiser les mouve-
ments insurrectionnels de ses états.

Mais laissons le traducteur et occupons-nous de
l'auteur. Il veut nous faire présumer l'existence de
quelques agnats mâles de D. Bermudo du silence
de l'histoire sur ce point-là, et de ce qu'il trouve
de singulier dans cette coïncidence qu'il n'existait
aucun agnat masculin chaque fois que se présen-
tait le cas de succession d'une femme. La coïncidence sera si singulière qu'on voudra; mais si elle
a réellement existé, il n'y a rien à dire. Et si, en
ouvrant l'histoire, je prouve avec elle qu'il n'existait à la mort de Don Bermudo III aucun agnat
mâle, j'aurai convaincu l'auteur de son ignorance
sur ce point, ou il restera démontré qu'il a voulu
tromper ses lecteurs.

Au reste, il faut avouer qu'il ne doit pas être

très fort en histoire quand il suppose Doña Sancha fille de Don Bermudo, tandis qu'elle n'était que sa sœur.

Je ne suis donc pas étonné qu'il ignore qu'un historien aussi respectable que le P. Risco dise que la ligne mâle des rois de Léon resta éteinte par la mort de Don Bermudo. Mais ce qui ne peut moins de m'étonner énormément, c'est que M. de Montolin, qui n'a fait guère que copier le célèbre Mémoire de M. Zea-Bermudez, ait oublié que ce même Zea, et dans ce même Mémoire, a laissé échapper cet aveu formel : *par la mort duquel*, dit-il, c'est-à-dire de Don Bermudo, *la ligne mâle resta éteinte*.

Cependant, pour le cas où il ne trouverait pas suffisant le témoignage de Zea et du P. Risco, je vais prouver ce qu'ils affirment. Je remonterai jusqu'aux premiers temps de la monarchie de Léon pour expliquer cette extinction totale de la famille royale.

Ramire Ier, qui succéda à Alphonse II, n'eut qu'un seul fils, Ordoño Ier, qui lui succéda et qui eut pour successeur son fils unique Alphonse III. Celui-ci laissa trois fils, Garcia, Ordoño et Fruela. Il légua à Garcia ses états héréditaires et à Ordoño ses conquêtes dans la Galice et le Portugal. Garcia étant décédé sans successeur, ses états passèrent à son frère Ordoño II, lequel, bien qu'il laissât deux enfants, Alphonse et Ramire, eut pour héritier son frère Fruela II. Celui-ci, à son tour, ayant

laissé trois enfants, n'eut pour successeur aucun
d'eux, mais son neveu Alphonse, l'aîné des fils de
son frère Ordoño II. Cet Alphonse IV ayant abdiqué la couronne en faveur de son frère Ramire, se
retira dans un monastère. Dégoûté plus tard de la
vie monastique, et regrettant surtout la majesté
royale, il tenta de replacer la couronne sur sa tête.
Mais son frère Ramire II l'ayant assiégé, vaincu
et fait prisonnier à Léon, lui fit crever les yeux, et
le garda emprisonné toute sa vie. Les trois enfants
de Fruela II, dont je viens de parler, eurent à
subir le même sort. Nous voilà donc déjà sans d'autres mâles de la famille royale de Léon que le roi
Ramire II. Continuons.

Ramire II laissa deux fils : Ordoño III, qui fut
son successeur, et Sancho Ier (le Gros). Ordoño
n'eut qu'un seul fils, nommé Bermudo, mais il
eut pour successeur son frère Sancho Ier. Celui-ci
n'eut non plus qu'un seul fils, Ramire III, qui hérita
de ses états, et qui, étant mort sans postérité, eut
pour successeur son cousin Bermudo II, fils
d'Ordoño III, qui était donc le seul mâle de sang
royal alors existant. Nous voici arrivés au père
de Doña Sancha, Alphonse V, qui fut fils unique
de Bermudo II, et qui n'eut lui-même qu'un seul
fils, Bermudo III ; et voici parfaitement démon-
trée l'exactitude avec laquelle le P. Risco et M.
Zea affirment que par la mort de ce roi fut éteinte
la ligne mâle des rois de Léon, et parfaitement
démontré encore que l'auteur ne sait pas ce qu'il

dit quand il assure que l'histoire est muette sur ce point-là.

L'auteur nous parle ensuite de Doña Urraca, fille d'Alphonse VI et par conséquent petite-fille de Ferdinand Ier. Il écrit à son plaisir l'histoire de cette succession, dont il ne s'occupe qu'en passant, sans dire guère qu'un mot sur toutes les dissensions, toutes les perturbations, toutes les luttes auxquelles la mort d'Alphonse VI sans descendance mâle a donné lieu. Ce cas-là, loin de prouver que les femmes de la ligne droite étaient préférées dans ce temps-là aux agnats mâles des lignes transversales, prouve tout-à-fait le contraire, c'est-à-dire que les femmes de la ligne droite ne pouvaient hériter que par défaut d'agnats mâles des autres lignes.

En effet, pourquoi Don Alphonse VI a-t-il institué sa fille Doña Urraca héritière de son royaume? Parce qu'il n'y avait pas d'agnats mâles, ses deux frères Sancho et Garcia étant morts sans postérité. Mais l'histoire ne nous apprend pas seulement le manque d'agnats mâles; mais elle nous dit encore que si Garcia eût survécu à son frère Alphonse, c'eût été lui, et non Doña Urraca, qui aurait hérité. C'était lui, et non Doña Urraca, qui était déjà née, et qui avait dix ans quand il est mort, que D. Alphonse voulait désigner comme l'héritier du royaume. On peut consulter sur ce point-là l'archevêque Don Rodrigo et la *Chronique* de D. Lucas (1).

Contrairement donc à ce que l'auteur se propose, nous n'avons qu'une preuve de la préférence dont jouissaient les agnats mâles sur les femmes de la ligne droite.

Voici le tour maintenant de Doña Berenguela, que l'auteur dit avoir succédé à son frère Enrique I⁻ᵉʳ.

Il est bien étonnant que l'auteur, si prompt à faire des suppositions en faveur de l'existence d'agnats mâles dans le cas où une princesse devenait héritière du royaume, se taise complètement sur ce point-là quand il s'agit de Doña Berenguela.

Il convient donc d'examiner les causes d'un silence d'autant plus surprenant, que l'auteur, sans se livrer à des calculs ou des suppositions plus ou moins fondées, aurait pu affirmer tout résolûment l'existence d'agnats mâles.

Doña Berenguela, fille du roi de Castille Alphonse VIII, était mariée avec Alphonse IX roi de Léon; mais ce mariage ayant été annulé à cause de la parenté existante entre Doña Berenguela et son mari, ils consentirent à se séparer, et Doña Berenguela se retira chez son père.

(1) His diebus rex Garcia cœpit in vinculis ægrotare, quod audiens rex Alphonsus doluit ultra modum, diligebat enim eum; *et quia filium non habebat*, proposuerat eum substituere successorem. *(Chronicon, De morte regis Garciæ.)*

Alphonse VIII eut pour successeur son fils unique Enrique Ier, qui n'avait que dix ans, et qui n'en régna que trois sous la régence de sa sœur Doña Berenguela. Par la mort prématurée d'Enrique, le royaume de Castille se trouva sans héritier mâle de la ligne droite d'Alphonse VIII. Mais est-ce qu'il n'y avait pas d'agnats mâles? Certainement qu'il y en avait; et le plus proche était précisément ce même Alphonse IX roi de Léon, époux de Doña Berenguela, dont les enfants avaient été légitimés par le Pape, et dont l'aîné, Ferdinand, avait été reconnu et proclamé héritier du royaume de Léon par les Cortès en 1204. L'histoire, loin de se taire sur ce point-là, nous dit qu'une des causes de la guerre qu'il soutint, avant la naissance de D. Enrique, contre Alphonse de Castille, fut précisément celle de faire valoir ses droits à être reconnu et proclamé héritier de la couronne de Castille par défaut d'héritier mâle de la ligne droite.

Cependant à la mort de Don Enrique Ier il aurait été impossible de forcer les Castillans à se soumettre à un prince qui s'était montré l'ennemi si ardent de leur roi et de leur royaume. Que fit donc Doña Berenguela? Elle fit avec adresse sortir de Léon son fils Ferdinand, et le présenta aux Castillans, qui immédiatement le reconnurent et le proclamèrent roi aux Cortès de Valladolid. Elle n'a pas porté la couronne un seul moment. Ce n'est donc pas elle qui a hérité d'Enrique Ier, mais Ferdinand III (le Saint), qui est devenu, par cette espèce d'inhabilisation de son père, l'agnat le plus prochain d'Enrique.

Nous venons de voir ce que l'histoire nous apprend par rapport à ces six règnes de femmes, règnes antérieurs à toute loi écrite sur la succession héréditaire, et dont on a voulu faire tant de bruit.

Passons outre, et voyons ce qui est arrivé plus tard.

L'auteur dit que la première fois que la loi parle en Espagne de l'ordre de succession, c'est-à-dire dans *las Partidas*, c'est pour accorder aux femmes des droits égaux à ceux des hoirs de l'autre sexe. Il est hors de doute que la loi 2ª (titre XV part. IIª) accorde ces droits aux femmes ; mais il n'est pas moins vrai que cette disposition n'a jamais été loi, parce qu'elle n'a jamais eu de force légale.

Pour qu'une disposition de cette nature devienne loi, il faut, tout le monde le sait et l'éminent jurisconsulte ne doit pas l'ignorer, qu'elle soit promulguée, et qu'elle soit acceptée par le royaume. Tout le monde sait, et l'éminent jurisconsulte ne doit pas l'ignorer, que le même auteur de *las Partidas* trouva son code fameux si opposé aux usages et aux coutumes qu'il n'osa pas le publier, et qu'en conséquence *elles n'ont eu* aucune force légale jusqu'à la publication de *l'Ordenamiento de Alcalá ;* que celui-ci ne leur

accorda qu'une force purement subsidiaire en les
plaçant en dernier lieu et au dessous de tous les
autres codes ; que cette disposition de l'*Ordenamiento de Alcala* a été confirmée par la loi première de Toro, et que cette loi se trouve toujours
en vigueur, *las Partidas* étant toujours le dernier de nos codes, ses dispositions n'étant appli-
cables que dans les cas pour lesquels on ne trouvera rien d'établi dans aucun des autres et pour
lesquels il n'existera de lois ni de coutumes contraires.

Pour ne pas m'écarter du plan que je me suis
proposé, de suivre fidèlement les pas de l'auteur,
je devrais m'occuper de la loi du *Fuero Real*, qu'il
cite mal à propos ; mais comme il en parle encore
une fois, je ne m'en occuperai que quand le moment viendra d'examiner la vraie interprétation de
cette loi et l'importance que l'auteur attribue à
son insertion dans la *Novissima Recopilacion*.

Pour le moment, je ne parlerai que de la loi
de *Partida*, prouvant qu'elle n'a pas été observée
une seule fois ni avant ni après la publication de
l'*Ordenamiento de Alcalá*, et qu'elle a été tenue
dans le plus complet mépris toutes les fois que
s'est présenté le cas d'en faire l'application.

Ce fait, s'il n'avait pas une explication bien
claire dans l'opposition où la dite loi se trouve
avec la coutume constante et invariable du
royaume — raison pour laquelle un auteur aussi
libéral que Marina l'a qualifiée de nouvelle, d'in-

connue et de perturbatrice pendant quelque
temps du repos public —, s'expliquerait facile-
ment par la contradiction manifeste où elle se
trouve avec l'esprit de ce fameux code si déclaré-
ment contraire aux femmes. Comment pouvait-
on faire accepter la préférence des femmes de la
ligne droite sur les agnats mâles des lignes
transversales à un peuple qui voyait qu'en même
temps qu'elles étaient appelées à la succession du
royaume elles étaient exclues de la succession du
fief (*feudo*, l. 6, tit. 23, p. 4) ; qu'on déclarait
les femmes incapables de plaider pour un autre
devant les tribunaux, fussent elles savantes, entre autres raisons parce qu'il n'est pas sage ni
honnête que des femmes exercent des fonc-
tions qui conviennent spécialement aux hommes (l. 6, tit 6, p. 3), incapables de juger, de
cautionner pour personne et d'être témoins dans
les testaments ; qu'on les accusait d'être naturellement cupides et avaricieuses, et qu'on disait
enfin que la femme n'est pas d'un si bon état et
condition que l'homme (l. 2, tit. 23, p. 4)?
Jamais législateur n'a pu enlever à une loi son
autorité mieux que ne l'a fait Alphonse X.

C'est ainsi que, malgré que dans la même loi il
disposât que *si le fils aîné mourait avant d'hériter,
et que s'il laisse fils ou fille conçu et mis au monde
par sa femme légitime, que ce soit à icelui ou à
icelle qu'advienne le trône et oncques à aucun
autre*, il a vu de son vivant même son fils San-

chose soulever pour réclamer le droit à la couronne, qu'il réussit enfin à placer sur sa tête, au mépris des enfants de son. frère aîné, ayant été proclamé héritier du consentement du même Alphonse, son père, aux Cortès de Ségovie. On pourra dire que *las Partidas* n'avaient pas été encore publiées et qu'elles n'avaient pas la moindre force légale ; mais voyons ce qui est arrivé lorsque, par la publication de l'*Ordenamiento de Alcalá*, elles ont reçu cette force purement subsidiaire dont j'ai parlé plus haut.

Vingt ans ne s'étaient guère écoulés depuis cette publication lorsque le cas se présenta d'appliquer pour la première fois la disposition de la loi de succession de *las Partidas* relative à la préférence des femmes de la ligne droite sur 'les mâles des lignes transversales.

Je ne m'occuperai de ce fait qu'en constatant en même temps toute la mauvaise foi avec laquelle l'auteur défigure la vérité historique.

« Le roi Don Pedro Ier (le Cruel) désigna pour
« lui succéder Doña Constance, mariée au duc de
« Lancastre d'Angleterre ; mais comme celle-ci
« était fille adultérine, issue de Doña Maria de
« Padilla, du vivant de la reine Doña Blanca, son
« épouse légitime, et quoique Don Pedro déclarât
« que Doña Maria avait été ensuite son épouse
« légitime, le droit à la couronne n'était pas en
« faveur de Doña Constance, et Don Pedro ayant
« succombé dans la guerre civile qu'il avait

« engagée contre son frère Don Enrique, celui-ci
« devint roi de Castille. »

Je n'ai jamais vu manquer à la vérité d'une
manière plus effrontée. L'auteur, se trouvant
dans l'embarras d'avouer qu'un agnat mâle de la
ligne transversale a été préféré à la fille d'un roi,
affirme très résolûment que Doña Constance était
adultérine, et que Don Pedro avait déclaré que
Doña Maria Padilla avait été son épouse légitime
après Doña Blanca.

Il n'y a pas en tout cela un seul mot de vrai.
Doña Constance et les autres filles de Don Pedro
issues de Doña Maria de Padilla n'étaient pas
adultérines, et elles furent reconnues comme
légitimes par le royaume. Ce que Don Pedro ne
déclara pas seulement, mais qu'il prouva devant
les Cortès de Séville, fut premièrement le contraire de ce que l'auteur invente : c'est-à-dire que
son mariage avec Doña Maria Padilla était antérieur à celui de Doña Blanca, et que, pour cette
raison, il avait toujours considéré comme nul ce
second mariage. En vertu de cette déclaration,
toutes les dites filles de Don Pedro furent reconnues héritières de son père l'une après l'autre par
les Cortès de Bubierca. Cependant, malgré cet
acte des Cortès et le testament de Don Pedro, ce
ne fut aucune de ses filles, mais son frère Don Enrique qui lui succéda. Et la loi *de Partida ?*

On voit bien que je ne cache rien de ce qui est
vrai; je n'ai pas eu donc le moindre inconvé-

nient à avouer que des princesses filles d'un roi
aient été proclamées par les Cortès héritières du
royaume. Mais de telles déclarations n'ont jamais
eu la plus légère importance, et, malgré elles et le
serment qui les accompagnait ordinairement, il
n'y a que deux des princesses déclarées héritières
du vivant de leur père qui aient hérité, et cela
par défaut absolu de mâles agnats. En conséquence, tout ce que M. de Montoliu nous raconte
de ces déclarations et de ces serments est de tout
point impertinent. Nous avons vu et nous verrons
encore qu'on n'en tenait le moindre compte sitôt
qu'un agnat mâle réclamait.

Cependant je ne peux pas résister à la tenta-
tion de démêler la contradiction que fait l'auteur
par rapport aux fils, aux filles et aux successeurs
de Don Enrique III.

« En 1402, dit-il, les Cortès de Tolède reconnu-
« rent la fille unique de Don Enrique III, Doña
« Maria, celle-là même que vint ensuite exclure
« la naissance de l'infant Don Juan. Tous deux
« étant morts avant l'héritage, d'autres Cortès
« proclamèrent à Tolède Doña Catalina, sa sœur,
« en 1442, et le premier qui jura à celle-ci l'obéis-
« sance fut son propre oncle l'Infant, en disant... »
Il insère ici la formule de ce prétendu serment
du dit Infant, et il continue très sérieusement :
« Voici donc une femme reconnue comme héri-
« tière du trône par un agnat mâle, son propre
« oncle. Néanmoins, il arriva que Doña Catalina

« fut exclue par le fait de la naissance de l'In-
« fant, qui fut depuis Enrique IV. »

Où donc M. de Montoliu aura-t-il appris l'histoire? Analysons. *Tous deux étant morts avant*
l'héritage (c'est-à-dire Doña Maria et Don Juan :
parfaitement; don Juan donc, selon l'auteur, n'a
pas régné); *d'autres Cortès proclamèrent à Tolède*
Doña Catalina, sa sœur. Donc la princesse proclamée en 1442 était sœur de Doña Maria et de
Don Juan. Parfaitement encore. *Néanmoins, Doña*
Catalina fut exclue par le fait de la naissance de
l'Infant, qui fut depuis Enrique IV, un autre
frère. En conséquence, Doña Maria et Don Juan
étant morts avant l'héritage, et Doña Catalina
ayant été exclue par la naissance de celui qui fut
depuis Enrique IV, celui-ci dut être nécessaire-
ment l'immédiat successeur d'Enrique III. Et
puisque Doña Catalina étant sœur de Doña Maria
et de Don Juan, ne pouvait être que fille d'Enrique III, et qu'elle fut proclamée héritière en 1442, il
est hors de doute que, selon M. de Montoliu, le dit
Enrique III devrait vivre encore à cette époque-
là. Où placerons-nous alors ce règne de Don
Juan II, père d'Isabelle-la-Catholique, si célèbre
par le favoritisme de Don Alvaro de Luna ?

On ne sait ce qu'on doit admirer le plus, ou la
manière dont l'auteur se méprend sur des faits
historiques les plus connus, ou l'ignorance de ce
comité alphonsiste de Paris qui a fait traduire
son œuvre sans faire attention à de telles erreurs.

Don Juan n'est pas mort avant l'héritage. Il a hérité de son père, et il a commencé son règne en 1406, quand il n'avait encore que vingt-deux mois. I a princesse que l'auteur dit avoir été proclamée héritière en 1442 ne pouvait donc être fille que de ce Don Juan II, qui régnait alors. Mais, dans ce cas , comment son propre oncle l'Infant, frère de son père, aurait-il pu lui jurer obéissance, si Don Juan n'avait pas des frères? Comment l'auteur a-t-il inventé toute cette histoire du serment de l'oncle et les mots qu'il a prononcés? Je m'en vais répondre : L'invention n'est pas de lui : il n'a fait que copier M. Zea-Bermudez, qui en a été l'inventeur dans le Mémoire déjà mentionné qu'il présenta à la cour de Berlin en 1839.

Mais le grand embarras de l'auteur est quand il doit parler des dissensions et des luttes auxquelles ont donné lieu la succession d'Enrique IV et l'avènement de sa sœur Isabelle-la-Catholique, au mépris de sa fille Doña Juana. Il s'en tire comme il le fait toujours : cachant tout ce qui lui convient, falsifiant les faits qui se sont réalisés, et en inventant même d'autres qui ne se sont jamais produits.

Il reconnaît qu'on ne peut apprécier que comme une calomnie des rebelles, l'idée que Doña Juana n'était pas fille d Enrique IV, mais de Don Bertrand de la Cueva, et que l'axiome *Pater est quem justæ nuptiæ demonstrant* nous force à consi-

dérer cette princesse comme fille légitime du roi
Enrique IV et de sa femme. On ne pouvait pas
espérer autre chose d'un si éminent jurisconsulte ;
mais c'est un aveu bien intéressant pour nous,
qui affirmons que la fameuse loi *de Partida*, dont
on fait tant de bruit, n'a jamais été pratiquée, pas
même dans un seul cas où il y aurait eu occasion
de l'appliquer. Et Doña Juana étant par la loi et
par le droit fille légitime d'Enrique IV, en vertu
de quelle loi sa tante Isabelle-la-Catholique au-
rait-elle succédé ? est-ce en vertu de la loi *de
Partida ?*

Je laisse la réponse à mes lecteurs. Ce qu'il y a
de positif, c'est qu'Enrique IV, après avoir fait
reconnaître sa fille Doña Juana comme héritière
du royaume, reconnut le meilleur droit de son
frère, l'Infant Don Alphonse, qu'il désigna comme
son successeur. Mais l'auteur se trompe énormément quand il affirme qu'Enrique IV revint sur
la convention par laquelle il avait reconnu le
droit de son frère, et que celui-ci succomba dans la
guerre civile qui éclata à cette occasion. Il n'y a
rien de cela. Don Alphonse ne succomba qu'à une
maladie violente qui l'entraîna au tombeau dans
trois jours, et quelques historiens ajoutent que
la nouvelle de sa mort se répandit dans le royaume trois jours avant qu'elle n'eût lieu.

Du reste, M. de Montoliu pouvait s'épargner la
peine de nous prouver que Doña Isabelle doit
être réellement appelée Isabelle Ire. Tout le monde

sait qu'à Ségovie ce n'est pas elle seule qui a été proclamée, mais elle et son mari, qui a été toujours surnommé Ferdinand V de Castille. Ce n'était pas celle-là la question qu'il devait vider ; c'est celle qu'il pose ensuite, et sur laquelle il n'ose pas dire un mot, nonobstant que la plupart des historiens s'en occupent et qu'elle soit très intéressante pour la solution de la question principale.

« Le fait est, dit-il, que Don Ferdinand fut re« connu comme roi de Castille en sa qualité de « mari de la reine. » Pourquoi ne cite-t il pas les historiens ou les documents qui le prouvent ? Et puis il continue : « S'il avait eu des droits à faire « valoir sur cette couronne comme parent éloi« gné, qu'on les établisse, et qu'on prouve en même « temps qu'il n'y avait pas d'autres droits venant « d'un autre prince et préférables aux siens. »

C'était à M. de Montoliu, qui si spontanément a pris la défense des prétendus droits de Doña Isabelle, de prouver tout ce qui est nécessaire pour que la justice et la force de ces droits restent parfaitement démontrées ; c'était à lui de prouver que Don Ferdinand n'avait pas des droits à faire valoir ou qu'il y avait d'autres droits venant d'un autre prince et préférables aux siens. Moi, de mon côté, j'agirai tout différemment ; je ferai mon possible pour ne pas laisser la défense incomplète. Je vais prouver tout à l'heure ce que M. de Montoliu veut qu'on lui prouve ; et cette preuve est

encore très-intéressante, parce qu'elle constitue
en même temps la démonstration la plus complète que, à la mort d'Isabelle et de Ferdinand, il
n'existait pas un seul agnat mâle, pas un seul,
d'aucune des deux familles royales de Castille et
d'Aragon, et que c'est par ce défaut absolu
d'agnats mâles que leur fille Doña Juana a pu
hériter.

J'établis donc la proposition suivante : Il ne
pouvait pas y avoir d'autres droits venant d'un
autre prince et préférables à ceux de Don Ferdinand, parce que celui-ci, loin d'être un parent
éloigné, comme l'ignorance ou la mauvaise foi le
font dire à l'auteur, était l'agnat le plus prochain
de Don Enrique IV.

Démonstration. — Ferdinand V (le Catholique)
était petit-fils de Ferdinand Ier d'Aragon, frère
d'Enrique III de Castille. Enrique III n'eut qu'un
fils, Don Juan II, qui en eut deux, Don Enrique IV et l'Infant Don Alphonse. Celui-ci étant
mort sans postérité, l'agnat mâle le plus proche
de Don Enrique IV était par conséquent Ferdi-
nand-le-Catholique, ou, si l'on veut, son père,
Don Juan II d'Aragon. Il ne pouvait donc exister
d'autres droits venant d'un autre prince et préférables aux siens. Quant à ceux qu'il aurait pu
faire valoir, consultons l'histoire.

Elle nous apprend qu'une des plus fortes raisons
que les grands de Castille et l'archevêque de
Tolède firent valoir auprès de Doña Isabelle

pour la décider à donner sa main plutôt au prince d'Aragon Don Ferdinand qu'au roi de Portugal, qui la sollicitait, fut précisément la nécessité d'éviter à la couronne un concurrent aussi dangereux que le roi d'Aragon, dont les droits devaient retomber sur son fils Ferdinand, parce que, par ce mariage, tous les droits à la couronne se fusionnaient en Don Ferdinand et Doña Isabelle, épargnant par ce moyen à la Castille une guerre civile qui, en tout autre temps, aurait été inévitable, le prince d'Aragon comptant déjà sur l'appui d'un parti très-puissant parmi les grands, dont quelques-uns, plus tard, émirent l'avis que le gouvernement lui appartenait exclusivement comme étant l'agnat mâle plus immédiat d'Enrique IV (1).

D'autres historiens nous font savoir ce qui s'est passé à la junte des grands tenue à Ségovie à l'occasion de la proclamation de Ferdinand et d'Isabelle, rapportant que les grands de Castille dirent à Don Ferdinand que les royaumes de Castille et de Léon appartenaient de droit à son père, don Juan II d'Aragon, comme fils et petit-fils d'un infant et d'un roi de Castille ; qu'en conséquence Doña Isabelle n'était pas reine, et qu'elle ne pouvait hériter d'une couronne qui devait appartenir au roi d'Aragon, et qu'ainsi il devait gouverner seul comme lieutenant (*lugartenientе*) de son père. A ce propos, Abarca, pro-

(1) PULGAR, *Crónica de los Reyes católicos,* cap. 23.

fesseur.à l'Université de Salamanque et chroni-
queur-major de Castille, dit ce qui suit :

« On ne trouvera pas un seul cas, disaient les
grands « où, existant un prince mâle de la fa-
« mille royale de Castille ou de Léon, une femme
« ait hérité de la couronne. » Il rapporte ensuite
l'énumération. faite par les grands, des reines antérieures, déclarant que seulement deux d'entre
elles, Doña Urraca et Doña Berenguela, avaient
hérité par défaut absolu de mâles agnats, mais
qu'elles n'avaient hérité que pour placer le sceptre dans les mains de leurs fils, et que quant aux
autres trois, Ormesinde, Adosinde et Doña Sancha,
elles n'avaient pas hérité, mais que c'étaient leurs
époux, Alphonse Ier, Silo et Ferdinand, qui avaient
été rois propriétaires, les deux premiers par
élection et le dernier par droit de conquête. Il termine ainsi : « De là ils déduisaient que sans doute
« Doña Isabelle était femme de grand mérite et
« de grande sagesse, mais seulement en tant que
« femme ; que jamais aucune femme n'est supé-
« rieure à la médiocrité des hommes, et que
« quant à eux, comme Don Ferdinand possédait
« les vertus royales à un si haut degré qu'il pou-
« vait être comparé aux plus grands des princes
« de l'Espagne, ils ne trouvaient aucune raison
« pour *introduire une innovation si pernicieuse et*
« *une exception si paradoxale à toutes les règles.* »

Le passage que je viens d'extraire est une preuve la plus complète du peu de cas qu'on a fait tou-

jours en Castille de la loi de succession de *las Partidas*, et de l'existence d'une loi constante, créée par la coutume, écrite seulement dans les cœurs des Castillans, et fermement soutenue par l'opinion publique, qui excluait les femmes de la succession à la couronne quand il y avait des agnats mâles, et, par conséquent, l'exactitude de tout ce que j'ai dit jusqu'à présent. J'aurais pu donc, en copiant tout entier cet auteur, m'épargner la peine d'écrire toutes les pages antérieures ; mais je ne veux pas qu'on puisse dire que je ne m'appuie que sur le témoignage d'un seul auteur, si grave, si ancien, si respectable qu'il soit. Je veux qu'on voie que je ne base pas mes affirmations ou mes négations seulement sur la parole de tel ou tel historien, comme le fait M. de Montoliu — parce que ce n'est pas de cette manière qu'on doit traiter ces questions —, mais sur la véritable histoire, sur la logique et sur la critique.

Voici une observation basée sur la critique qui ne peut pas être contestée. Si la loi de *Partida* eût été jamais acceptée ; s'il y avait eu, du temps d'Isabelle, un seul Espagnol qui l'eût estimée en vigueur, comment s'expliquerait-il que ni les *légistes* castillans partisans d'Isabelle ni elle-même, dans le discours qu'elle fit à son époux pour le détourner de son projet de se faire déclarer roi, n'aient invoqué cette loi ni même en aient fait mention ? Mais que dis-je ? le discours d'Isabelle ! quelle meilleure preuve de tout ce que je viens d'écrire ?

L'auteur l'a si bien compris qu'il a eu grand soin
de n'en parler que très peu, se bornant à dire que
la reine avait dit à son mari qu'il fallait dissimuler un peu, eu égard à l'époque où ils vivaient et
pour faire voir qu'on faisait cas des légistes.

Il y a encore ici un peu de malice. L'éminent
jurisconsulte ne transcrit du discours d'Isabelle
que le peu de mots que j'ai soulignés, voulant
faire entrevoir de cette manière que l'opinion des
légistes était favorable au droit d'Isabelle. Pourquoi n'a-t il pas transcrit le discours tout entier ?
pourquoi ne nous dit-il pas un mot des raisons
sur lesquelles se basait l'avis des légistes ? Cet
avis pouvait avoir deux buts différents : l'un,
l'éclaircissement des droits ; et l'autre, l'intérêt
mutuel du roi et de la reine. Lequel des deux se
sont proposé ces légistes ? Pourquoi l'auteur ne
le dit-il pas ? pourquoi essaie-t-il de tromper ses
lecteurs par des réticences perfides ?

« La discussion qui s'est élevée sur le droit au
« trône ne m'a pas moins dégoûté qu'à vous-mê-
« me. Quel besoin y a-t-il d'éclaircir les droits
« entre ceux dont les corps, les âmes et les biens
« sont unis par l'amour le plus pur et par le lien
« du saint mariage ? Qu'il soit permis, à la bonne
« heure, à d'autres femmes d'avoir quelque chose
« à elles et séparément de leur mari ; quant à
« moi, serait-il raisonnable que je fusse courte à
« partager avec celui à qui j'ai donné mon âme,
« l'autorité, les richesses et le sceptre ? Je serais

« bien simple si je ne vous aimais pas plus que
« tous les royaumes. Là où je serai reine, vous
« serez roi, je veux dire gouverneur de tout sans
« aucune borne, sans aucune exception. Voilà ma
« détermination, et telle elle sera toujours : plût
« à Dieu qu'elle soit aussi bien accueillie qu'elle
« est bien assise dans mon cœur. Il faut dissimu-
« ler quelque chose, eu égard à l'époque à la-
« quelle nous vivons... Il est vrai que deux cho-
« ses ont eu lieu dans cette affaire : la première,
« c'est qu'on a eu en vue l'intérêt de notre fille
« et d'assurer sa succession, parce que votre
« droit étant certain, elle resterait exclue de l'hé-
« ritage paternel... »

Voilà ce qu'Isabelle a dit à Ferdinand. Donc on
n'a pas éclairci les droits; on a seulement considéré l'intérêt que le père et la mère avaient à ce
que leur fille ne restât pas exclue de l'héritage
paternel.

Après ce discours, ou, pour mieux dire, après
cette touchante prière, Isabelle ajoute en finis-
sant : « Je dis ceci, Monseigneur, parce que com-
« me vous le voyez, il n'a pas plu à Dieu de nous
« accorder, jusqu'à présent, d'autre héritier que
« notre fille; et il pourrait arriver qu'après nos
« jours vînt quelqu'un qui, étant descendant
« mâle de la maison royale de Castille, allègue-
« rait que ces royaumes lui *appartiennent, quand*
« *même ce ne serait que par ligne transversale et*
« *indirecte, et non à notre fille.* »

Ici nous trouvons la preuve de ces deux faits :
1º le défaut absolu d'agnats mâles, à l'exception de
Ferdinand et son père, puisque ni Isabelle ni son
mari n'avaient pas connaissance d'aucun d'eux ;
seulement la tendresse paternelle leur faisait craindre l'existence de quelqu'un jusqu'alors inconnu ;
2º le peu de force qu'Isabelle trouvait dans ses
droits, puisqu'elle reconnaissait qu'un agnat mâle
pourrait les disputer à sa fille parce qu'elle était
femme.

En conséquence, ce qui est arrivé à l'avènement d'Isabelle, c'est simplement ceci : que tous
les droits à la couronne de Castille, quels qu'ils
fussent, se trouvant fusionnés en Ferdinand et en
Isabelle, des motifs de politique et de sagesse ont
engagé Ferdinand à se taire et à ne faire aucune
réclamation sur une question que, personnellement, il n'avait pas le moindre intérêt à éclaircir ;
question dont l'éclaircissement ne pouvait pas con-
tribuer, à cette époque-là, à la paix et à la prospérité du royaume, et dont la discussion, au contraire, aurait pu donner lieu à la discorde civile
et à de très graves perturbations.

Il reste donc parfaitement démontré que jamais, ni avant ni après la publication de l'*Ordenamiento de Alcalá*, qui a donné force légale, mais
purement subsidiaire, à *las Partidas*, l'histoire ne
nous présente un seul cas d'une princesse, fille ou
sœur de roi, qui ait hérité de la couronne de Castille ou de Léon, étant préférée à un agnat mâle

de la famille royale ; que la loi de succession de
las Partidas n'a jamais été en vigueur ; et que jamais, jusqu'au temps du libéralisme, on ne trouvera aucun historien, et moins encore aucun jurisconsulte, qui l'ait considérée comme loi du
royaume ; que dans les trois seuls cas où l'histoire nous montre des rois qui, ayant des frères,
n'ont laissé pour toute postérité que des filles,
comme pour Alphonse VI, Pedro I et Enrique IV,
les droits de leurs frères, Don Garcia, Don Enrique et Don Alphonse, en préférence à leurs
filles, ont été reconnus et proclamés ou par les
rois mêmes ou par la nation ; que le seul exemple
que l'histoire nous présente d'un frère de roi
dont les droits aient été méconnus, est celui de
notre très-aimé Carlos V, d'auguste et d'impé-
rissable mémoire, qui, cependant, a pu les soutenir pendant sept ans par une lutte glorieuse,
lutte engagée contre un gouvernement constitué,
disposant de toutes les forces de la nation et
qui s'était emparé des biens de l'Église, et qui,
cependant, n'a été terminée que par une trahison
abominable ; et enfin, que tout ce que l'auteur dit
contrairement à cela n'est qu'un tissu de faussetés.

Voyons maintenant ce que l'auteur nous dit par
rapport au droit établi en Aragon.

Il n'y avait pas, selon lui, de règle fixe : les
femmes furent tantôt admises, tantôt exclues.
Doña Petronila *succéda* à son père Don Ramiro,

et, par son mariage avec le comte de Barcelone, *réunit* les deux couronnes d'Aragon et de Catalogne ; et quoique les historiens « se taisent également « ment sur le point de savoir s'il existait ou non « des agnats mâles d'une ligne antérieure qui « revendiquèrent leurs droits contre Doña Petro- « nila, » il est à présumer qu'il n'en manquait pas, et il est certain, par exemple, que le roi de Castille « Don Alphonse VII aurait pu, s'il l'avait « voulu, exercer sa revendication comme fils de « Doña Urraca, » arrière-petit-fils de Sancho, le grand roi de Navarre et seigneur d'Aragon.

Je prie mes lecteurs de dire s'ils ont jamais vu une telle manière d'embrouiller et de falsifier l'histoire.

Il est vrai qu'en Aragon, comme en Castille, il n'y avait pas de loi écrite sur la succession héréditaire ; mais il y existait une autre loi coutumière bien plus sévère par rapport aux femmes que celle de Castille : elle les excluait absolument, mais de telle sorte, que si, à défaut d'agnats *mâles*, le droit à la couronne retombait sur une femme, ce n'était pas elle, mais son fils qui devait hériter. La loi établissait donc en Aragon l'exclusion absolue des femmes (1). On ne trouvera point, parmi les anciens historiens aragonais, un seul qui ne l'affirme très carrément.

(1) « *En lo regne de Castella post succer dona : no empero en lo regne de Aragó sino mascle.* » (Boscu, *Dels titols de honor,* liber V.)

« Doña Petronila a succédé à son père Don Ra-
« miro. » Ce n'est pas tout-à-fait exact. Mais
avant de m'occuper de ce fait, je vais détruire
cette présomption de l'auteur sur l'existence
d'agnats mâles d'une ligne antérieure à Doña Petronila.

Il faut avoir oublié complètement l'histoire
pour faire une supposition pareille. S'il y en avait
eu un seul, non-seulement Doña Petronila n'aurait pas hérité, mais elle n'aurait pas même été
mise au monde, et son père Don Ramiro n'aurait
pas régné.

Don Alphonse I⁰ʳ ayant succombé dans la ba-
taille de Fraga, l'Aragon se trouva sans un seul
prince d'aucune des lignes de la famille royale.
On ouvrit son testament, et en voyant qu'il dési-
gnait comme héritiers de son royaume les ordres
du Saint-Sépulcre, de l'Hôpital et du Temple, il
fut déclaré qu'il avait outrepassé les facultés accordées au roi dès l'établissement de la monarchie. Dans ce conflit, les Aragonais tournèrent
les yeux vers Don Ramiro, le seul prince du sang
royal qui existât, mais que la profession reli-
gieuse empêchait de monter sur le trône. On eut
recours au Pape ; et celui-ci ayant accordé la dis-
pense des vœux, il put accepter et porter la couronne. Voilà comment l'histoire se tait sur l'existence ou non-existence d'agnats mâles.

Le roi de Castille Don Alphonse VII « aurait
« pu, s'il l'eût voulu, exercer sa revendication

« comme fils de Doña Urraca. » Je m'étonne que
l'éminent jurisconsulte n'ait pas remarqué que la
circonstance d'être fils d'une princesse n'est pas
le meilleur titre pour réclamer une couronne en
vertu du droit d'agnation. Don Alphonse cependant dut être sur ce point-là du même avis que
l'auteur, et s'il n'exerça pas sa revendication à
l'avènement de Doña Petronila, c'est parce qu'il
l'avait déjà tenté à la mort d'Alphonse I^r, et que
les Etats d'Aragon avaient repoussé sa réclamation par la raison indiquée.

J'ai dit qu'il n'est pas tout-à-fait exact que Doña
Petronila succéda à son père. J'aurais pu dire,
encore mieux, que c'est de tout point inexact.
Doña Petronila ne régna pas ; mais son mari Don
Ramon, comte de Barcelone, auquel Don Ramiro
fit donation formelle de son royaume par un acte
signé de lui et de quinze prélats et grands seigneurs (*ricos homes*) qui s'exprime ainsi : « Moi,
« Ramiro, fils du roi Sancho, et roi d'Aragon, je
« te donne à toi Ramon, comte de Barcelone, en
« même temps que ma fille, mon royaume d'Ara-
« gon tout entier. » Puis il confirme et ratifie la
cession en déterminant les bornes de son royaume, y compris certaines contrées qu'il avait cédées
pendant sa vie au roi de Navarre, et il continue :
« Car je les ai données au roi de Navarre Garcia
« Ramirez seulement pendant sa vie, et il me pro-
« mit qu'après sa mort elles reviendraient à moi
« ou à mon successeur. Et tout ce qu'il devait me

« donner, je veux et j'ordonne qu'il te le donne. Je
« te donne donc tout cela et je le donne aux fils
« de tes fils qui seront de la descendance de ma
« fille pour les siècles des siècles (1). »

C'est ainsi que le comte Don Ramon étant arrivé
à Saragosse en 1137 pour jurer les *fueros* et libertés du royaume, il y fut reçu comme prince et
seigneur naturel (2), et que par son testament, oc-
troyé en 1162, il institua son fils Alphonse II héritier du royaume d'Aragon ainsi que du comté de
Barcelone (3). C'est ainsi que son fils monta sur
le trône immédiatement après sa mort, du vivant
de Doña Petronila, et que celle-ci ne gouverna pas
le royaume comme reine, mais seulement comme
régente nommée par les Cortès (4). Mais telle était
l'opposition des Aragonais à être gouvernés par
des femmes, que, malgré toutes les qualités dont

---

(1) « *Ego Ramirus Sanctii regis filius, rex aragonensis,
« dono tibi Raimundo Comiti Barchinonensi cum filia mea
« meum regnum Aragonis totum ab integro... quas dedi eas
« regi Navarrorum Garcia Ramires tantum in vita sua, et
« fecit mihi homenage ut post obitum suum reddant mihi vel
« succesori meo. Quidquid enim mihi debebat facere, volo et
« mando ut tibi faciat. Hoc dono tibi et concedo filiis filio-
« rum tuorum qui fuerint de generatione filiæ meæ in sæcula
« sæculorum. »*

(2) ZURITA, *Anales*, lib. I, cap. 56.

(3) Id.

(4) « *Tunc etiam ex comitionum decreto constitutum ; ut
« interea dum filius puer erat regina ipsa mater ad guber-
« nacula regni succederet.* » (BLANCAS, *Comm.*, pag. 152.)

Doña Petronila se trouvait douée et dont elle avait fait preuve, un an ne s'était pas encore écoulé que les prélats et les grands seigneurs lui conseillèrent de remettre à son fils, qui n'avait guère que douze ans, le gouvernement du royaume, ce qu'elle fit immédiatement (1).

Je crois que tous les faits que je viens de rapporter suffisent pour faire connaître la loi coutumière d'Aragon sur le droit de succéder, et pour montrer comment cette loi s'est formée. Ils auraient mérité que l'éminent jurisconsulte y prêtât quelque attention ; mais, comme on l'a vu, il ne dit que très peu de mots par rapport à Don Ramiro, Doña Petronila et Don Ramon, et cela uniquement pour falsifier l'histoire et donner lieu aux présomptions les plus insensées.

On peut inférer de tout cela qu'il ne sait pas un mot de l'histoire d'Aragon.

Ainsi, pour prouver son affirmation que les femmes étaient « tantôt admises, tantôt exclues, » il s'appuie sur les testaments de quelques rois. Ce n'était pas sur les testaments qu'il devait s'appuyer, mais sur la loi ou sur la coutume. Un éminent jurisconsulte ne devait pas ignorer que ce n'est pas par le moyen de testaments qu'on légifère, surtout en matière de droit constitutionnel ; que les testaments ne sont valables que quand ils se

(1) « *Barcinone procurum consilio, regina Alfonso II qui* « *XII annum attigerat) Aragoniæ regni gubernacula tradit.* » ZURITA, *Indices rerum ab Aragon.*)

trouvent d'accord avec les lois du pays, et que les peuples savent très-bien en faire bon marché quand ils sont contraires aux lois fondamentales, qu'ils tiennent à conserver. Au lieu des dispositions testamentaires des rois, il aurait dû nous citer les princesses qui se sont assises sur le trône d'Aragon. Ne pouvant pas le faire, parce qu'il n'en existait aucune, il a eu recours aux testaments. Mais ce « tantôt admises, tantôt exclues » n'est qu'une exagération ridicule. Il n'y a que deux rois qui aient appelé leurs filles à la succession à la couronne : deux cas seulement dans l'espace de quatre siècles ! Mais examinons ces deux cas.

Le premier est celui d'Alphonse II, fils de Doña Petronila. Par rapport à ce cas-là, je trouve une différence remarquable entre l'original espagnol et la traduction française. L'auteur dit simplement : « Don Alphonse les admit. » Le traducteur, par un excès de zèle, lui fait dire : « Don Alphonse les déclarait parfaitement successibles. » On voit qu'il y a là une énorme différence. L'auteur parle vrai ; le traducteur manque à la vérité. Don Alphonse les admit, mais sans faire aucune déclaration ; il les substitua simplement à ses trois fils mâles pour le cas où les trois viendraient à mourir sans descendance masculine. Comme la sienne était assez nombreuse pour faire espérer qu'il ne manquerait pas de mâles dans la famille royale, les Aragonais ne durent pas se soucier beaucoup de cette disposition du testament de leur roi. Le cas arrivé, il est bien certain qu'ils ne s'y seraient pas conformés, pas plus qu'ils ne se conformèrent à la disposition du même testament qui fixait à vingt ans la majorité du prince aîné.

Pour ce qui concerne Don Juan II, s'il est vrai qu'il appela ses filles à la succession à la couronne pour le cas où son fils Ferdinand mourrait sans descendance, il ne l'est pas moins, comme il reste démontré plus haut, qu'il n'avait pas d'agnats masculins.

Il y eut cependant un autre roi, Don Pedro IV, qui, bien qu'ayant trois frères, voulut faire proclamer sa fille héritière du royaume. L'auteur se borne à dire que beaucoup, en effet, jurèrent obéissance à cette princesse, mais que ce roi, bien qu'il sortît vainqueur de la guerre civile, n'en exclut pas moins du trône par son testament ses petites-filles nées du roi Don Juan son fils, donnant la préférence à l'Infant Don Martin, son second fils, qui lui succéda.

Quand il s'agit de questions aussi sérieuses que celles-ci, on ne doit pas passer si légèrement sur les faits. Cela ne convient nullement à l'impartialité et à la gravité qui doivent toujours distinguer les œuvres d'un éminent jurisconsulte. Il faut exposer tout ce que l'histoire nous apprend, présenter les faits tels qu'ils se sont accomplis et dans tous leurs détails, examiner leur dénouement et la cause de ce dénouement. C'est la seule manière de pouvoir tirer des conséquences de quelque utilité pour résoudre sagement la question dont il s'agit.

Don Pedro, en essayant de changer en faveur de sa fille Doña Constance une loi constamment reconnue en Aragon, ne fit pas appel aux Cortès, sans lesquelles il ne pouvait rien changer ni déroger dans les lois fondamentales, mais à une junte de théologiens et de légistes qui lui étaient dévoués (1) pour la consulter sur les prétendus droits de sa fille. Néanmoins, dans cette junte, quelques voix respectables, celle du vice-chancelier du royaume par exemple, s'élevèrent pour défendre la justice outragée. La majorité cependant, choisie *ad hoc* par Don Pedro, rendit une déclaration favorable à sa fille. Muni de cette déclaration, il put obtenir qu'elle fût jurée non par les Cortès, mais par quelques seigneurs.

Jamais une nation n'a éprouvé une commotion si forte et si profonde que celle que produisit en Aragon cette indigne iniquité, *nefarium istud fa-*

_____

(1) *Neque vero vafro, ac callido regis vetus sua abfuit ad procavendum astutia. Nonnullos enim ex nostris ad sese allicere curaverat, tum legum peritos, tum etiam optimates : quorum auctoritate et consiliis nefarium istud facinus colorabat. Cæteros nequaquam potuit in suam voluntatem adducere quia* nefas habebant *rege sine filiis masculis decedente, fratrem Jacobum a futura deturbare regnorum successione, quæ ad eum paterno atque avito jure omnibus claro et notissimo pertinebat.* (BLANCAS, *Comm.*)

cinus, de Don Pedro. La plupart regardèrent comme un crime l'introduction d'une telle *innovation*, comme l'appelle Zurita (1), qu'une femme héritât du royaume et qu'on privât de ses droits Don Jaime, à qui le royaume appartenait si le roi venait à mourir sans descendance mâle, en vertu du droit ancien et constant, *paterno atque avito jure*, qui était clair et évident pour tous, *omnibus claro et notissimo*.

Don Jaime se souleva à la tête de la plupart des nobles et d'autres citoyens distingués. La cause , dit Zurita, paraissait si juste qu'on ne croyait pas, dans ce temps-là, qu'il pût y en avoir une autre aussi légitime (2). Les prélats, les grands seigneurs, les procureurs et les syndics des villes et des communes, venaient se mettre du côté de l'Infant Don Jaime. Malgré cela, il ne réussit pas; il ne fut pas vaincu, mais il fut trahi. Il y eut aussi alors un Maroto : ce fut Don Lope de Luna, qui, s'introduisant en ami dans l'armée de l'Union, la vendit d'une manière infâme. Don Pedro cependant, ayant compris que jamais l'Aragon n'accepterait l'innovation qu'il essayait d'y introduire, révoqua la déclaration faite en faveur de sa fille, et restitua à l'infant le gouvernement général du royaume dont il l'avait destitué ; et ce même roi, qui avait bouleversé ses états pour pla-

(1) *Anales*, lib. 8, cap. V.

(2) *Anales*, lib. 8, cap. VII.

cer sa fille sur le trône, en exclut ses petites-filles quand il eut des descendants mâles.

L'histoire de Don Pedro, loin de nous apprendre rien en faveur du droit des femmes, ne nous fait voir que le triomphe le plus complet de la *loi salique*, comme l'appellent tous les historiens aragonais, et la fidélité des Aragonais à la soutenir.

Mais veut-on une preuve non moins remarquable de cette fidélité, de cette fermeté des Aragonais à conserver leur ancienne loi ? On n'a qu'à voir ce qui s'est passé lorsque, après la réunion des deux couronnes de Castille et d'Aragon, les droits retombèrent sur une femme parce qu'il n'existait aucun mâle de la famille royale.

L'auteur ne peut moins que d'avouer que les Cortès répugnaient de prêter serment à la princesse fille des Rois Catholiques. Mais il se garde bien de dire tout ce qu'il y arriva. Les rois demandaient la déclaration des Cortès, et les Cortès ne voulaient pas la donner. Ferdinand employait vainement toute son habileté et toute sa finesse : on lui faisait observer que jamais l'Aragon n'avait juré fidélité à une princesse, et que jamais aucune princesse ne s'était assise sur le trône d'Aragon. Cependant les rois insistaient, et les Cortès laissaient passer le temps sans faire la déclaration. Le roi et la reine se trouvaient très aigris d'un tel retard. La reine surtout était si fâchée, qu'elle arriva jusqu'à dire qu'il valait mieux conquérir les Aragonais que supporter leurs *fueros* et leurs insolences. « Il est plus facile, lui répondit-on, « d'hériter de ces royaumes que de les conqué- « rir » (1). Cependant Don Alphonse de Fonseca essaya de calmer la reine par ces mots : « Je ne « trouve pas, Madame, que les Aragonais agis- « sent mal... Comme c'est la *première* fois qu'ils « prêtent serment à la fille d'un roi comme héri- « tière, ce n'est pas étonnant qu'ils aient de la « répugnance et qu'ils craignent d'introduire une « coutume qui pourrait leur apporter quelque « préjudice dans l'avenir. » Voilà la constante et invariable observance de la loi salique en Aragon r. connue par Don Alphonse de Fonseca et sans contradiction de la part d'Isabelle.

L'auteur que je réfute nous parle ensuite du serment prêté à Doña Juana de la même ma- nière que si la chose se fût passée sans le moindre inconvénient. Loin de là, l'histoire nous dit que Don Ferdinand eut besoin de toute son adresse, de tout le prestige dont il jouissait en Aragon, et de l'amour tout filial que les Aragonais lui témoi- gnaient, pour vaincre la répugnance des partis, surtout de celui du comte de Belchite (2). Et quoi- qu'il réussît, ce fut à la condition que s'il ve- nait à avoir un fils, le serment serait annulé, et avec la protestation d'avoir prêté un tel serment

(1) Lanuza, *Historias ecles. y secul.*, t. m. I. cap. IX.
(2) Zurita, *Anales,* tom. V.

pour « cette fois seulement et sans que cela pût
servir d'exemple. » Une fois le serment prêté avec
de telles restrictions, l'archevêque de Saragosse
se mit debout, et, en présence des Cortès qui se
trouvaient réunies, présenta un acte qui fut lu
par le protonotaire et dont les termes étaient les
suivants : « Que la cour et les quatre bras, avec la
« révérence qui était due, protestaient que le dit
« serment ne porterait aucune atteinte aux *fueros*
« et aux libertés du royaume, mais qu'au con-
« traire tous ces priviléges seraient maintenus
« en toute leur force et vigueur (1). »

Je ne crois pas avoir besoin de faire d'autres
observations pour que le lecteur reste parfaitement
convaincu que la loi coutumière constante et
invariable d'Aragon excluait les femmes de la
succession à la couronne.

On aura remarqué sans doute que je n'ai pas la
prétention, qu'a l'auteur, d'être cru sur parole, et
que je ne m'abandonne pas comme lui à de vai-
nes présomptions. Je prouve tout ce que j'affirme,
et je le prouve par le témoignage des historiens
les plus graves, les plus respectés, et dont l'autorité n'a jamais été contestée ; en un mot, je le
prouve avec l'histoire.

J'observerai la même ligne de conduite dans les
pages suivantes. Je n'appuierai mes affirmations
que sur des documents authentiques et sur le té-

(1) BLANCAS, *Juras de los Reyes*, cap. XX.

moignage d'auteurs qui, ayant écrit avant 1830, ne peuvent être accusés de partialité en faveur de Don Carlos ou de Doña Isabelle, et dont la plupart sont d'une autorité d'autant plus irrécusable aux partisans de celle-ci qu'ils appartiennent à l'école de ces hommes qui, trouvant l'auguste Charles V de tout point incompatible avec la révolution, n'ont placé la couronne sur la tête de Doña Isabelle que parce qu'il était indispensable pour leurs projets révolutionnaires de faire déshériter le légitime successeur de son père.

CHAPITRE II

Loi fondamentale de succession à la Couronne établie par
Philippe V en 1713

L'auteur, en s'occupant de cette loi, continue le
même système qu'il a employé en examinant l'ordre de succession antérieurement suivi en Espagne, et qui consiste à falsifier l'histoire, traves-
tir les faits, et cacher tout ce qui peut être d'une
utilité réelle et positive pour l'éclaircissement de
la question. Outre cela, comme jurisconsulte, il
tombe dans des erreurs telles, que je n'ai pu
m'empêcher de rougir en voyant son triste ouvrage traduit en français. Que pensera-t-on en
France des jurisconsultes espagnols, quand on
verra sortir de telles extravagances de la plume
d'un homme auquel les journaux n'hésitent pas à
accorder le titre d'éminent jurisconsulte? J'espère
cependant qu'on aura le bon sens de comprendre

4

que, dans de pareils cas, de telles louanges ne représentent ordinairement chez nous que l'opinion particulière d'un rédacteur, qui souvent ne se soucie pas beaucoup de ce qu'il dit, qui peut-être ne connaît ni l'auteur ni son ouvrage, et parle seulement pour faire honneur à la recommandation de quelques amis.

A plus forte raison, j'espère encore qu'on rendra justice aux jurisconsultes espagnols, et qu'on ne voudra pas juger de leur capacité par celle de l'auteur. Les éminents jurisconsultes sont, comme partout, rares en Espagne, si on en compare le nombre avec le nombre de ceux qui en portent le titre ; mais ils sont assez nombreux pour pouvoir prouver que l'Espagne ne cède, sur ce point, à aucune nation des plus favorisées.

Je demande pardon à mes lecteurs de cette digression, où m'a conduit un sentiment de patriotisme, et je vais m'occuper de ce que l'auteur nous dit par rapport à la loi fondamentale de succession établie par Philippe V.

Il commence par faire avec emphase l'histoire des prétendants à la couronne d'Espagne par le défaut de descendance de Charles II, des hésitations de ce monarque, de sa consultation au pape Innocent XIII, de la réponse du pape, et du testament du dernier roi de la dynastie autrichienne, pour déduire de tout cela que Philippe V ne monta pas sur le trône en vertu du testament de son oncle, mais en vertu de la loi de *Partida*.

Il se trompe : il s'agissait précisément d'un cas
que la dite loi n'avait pas prévu et qu'elle n'avait
pu prévoir. La question soulevée par le défaut de
descendance de Charles II n'était que celle-ci : Si
la renonciation aux droits à la couronne faite par
un parent du roi devant les Cortès, ou avec l'autorisation ou l'approbation des Cortès, pouvait ou
non être laissée sans effet ; c'est-à-dire si Charles II pouvait ou non, par sa propre autorité, laisser sans effet la renonciation à la couronne faite
par sa sœur Marie-Thérèse. Si la loi de *Partida*
eût été en vigueur et si elle eût été applicable à
ce cas-là, il n'y aurait pas eu lieu aux hésitations du roi, à sa consultation à Innocent XIII ni
à la réponse du pape. Ni le roi ni le pape ne font
la moindre mention de telle loi ; le pape surtout
ne paraît pas dans sa réponse se préoccuper
beaucoup du droit, il ne parle que de l'intérêt politique. Il faut être bien myope pour ne pas voir
que, dans ces circonstances-là, personne n'eut en
vue que cet intérêt ; et réellement il n'y avait pas
une autre manière d'envisager la question. L'Espagne se trouvait dans la triste situation d'avoir à
choisir son roi entre quatre ou au moins entre
deux princes aussi étrangers l'un que l'autre ; elle
était donc bien dans son droit de penser lequel des
deux lui convenait mieux. Si son intérêt lui com-
mandait de se livrer au fils de l'empereur, le but
qu'on s'était proposé dans la renonciation de Marie-Thérèse se trouvant atteint, il n'y avait qu'à la

maintenir ; si, par contre, cet intérêt lui conseillait de se mettre entre les mains du petit-fils de Louis XIV, la renonciation de Marie-Thérèse devenant contraire au but même qu'on s'était proposé, elle devait être considérée comme lettre morte.

Telle fut la source de la guerre de succession. Chacun considérait l'intérêt politique à son point de vue : les uns, gardant toujours dans leur cœur une haine profonde contre la France à cause des dernières guerres, croyaient l'intérêt de la nation du côté de l'archiduc ; les autres, contemplant la situation où les trois derniers règnes de la dynastie autrichienne avaient réduit la nation, le trouvaient du côté du duc d'Anjou. Si la nation entière, ou au moins la majorité, avait jugé que son intérêt consistait à placer la couronne sur la tête de l'archiduc, elle aurait maintenu sans doute la renonciation de Marie-Thérèse. La raison que quelques prélats ont donnée quelque temps après à Charles IV, voulant démontrer la justice avec laquelle on avait procédé à l'invalidation de la dite renonciation, est à peu près absurde, et il est bien étonnant qu'un jurisconsulte s'approprie une telle simplicité. La renonciation de l'ayant-droit, disent-ils, et l'auteur d'accord avec eux, ne peut pas porter préjudice à ses fils. Elle ne peut pas porter préjudice à ceux qui sont nés, parce qu'ils ont déjà un droit acquis ; mais elle préjudicie à ceux qui ne sont pas encore nés ni conçus. Eh

bien ! les fils de Marie-Thérèse n'étaient pas nés
quand elle a fait sa renonciation ; ils devaient
donc en subir les conséquences, si d'autres considérations n'avaient pas réclamé son invalidation.

Ce ne fut donc pas certainement en vertu du
testament de Charles II, ni précisément non plus
en vertu de son droit, que Philippe V monta sur le
trône, mais en vertu de la situation toute excep-
tionnelle où se trouvait l'Espagne, et d'une espèce
d'acclamation de la majorité de la nation, qui,
forcée, par l'extinction totale de sa famille royale,
de choisir entre les parents du dernier roi, tous
étrangers, et sans que le droit d'aucun d'eux
fût parfaitement clair et défini, était devenue,
pour ainsi dire, la maîtresse de ses destinées. On
pourrait aussi dire que Philippe V tira son droit
de son épée. Je crois que M. de Montoliu sera le
premier qui aura refusé à Philippe V le titre de
Conquérant. Cependant, pour lui faire plaisir, je
ne m'occuperai pas des droits et des facultés qu'il
pouvait exercer sous ce rapport-là ; je me bornerai
à prouver que, quels que soient les titres en vertu
desquels il est monté sur le trône, il a agi de son
plein droit et en parfaite conformité avec les lois
du royaume, en établissant la loi fondamentale
sur la succession à la couronne.

Mais je dois dire avant tout que tout ce que
l'auteur a écrit pour prouver que les femmes
n'ont pas été absolument exclues par la loi de Phi-

lippe V, mais qu'il y a des cas marqués dans cette loi où elles peuvent hériter, est parfaitement inutile. Les défenseurs de Charles V, de Charles VI et de Charles VII n'ont jamais dit que la loi de Philippe V, pas plus que la coutume immémoriale, excluassent absolument les femmes de la succession à la couronne, mais seulement dans les cas où il existerait quelque agnat mâle du dernier roi. C'est pour cela qu'on a dit toujours que les exemples qu'on nous cite de Doña Elvire — ou, pour mieux dire, de Doña Nuña Elvire —, Doña Sancha, Doña Berenguela, Doña Isabelle-la-Catholique et sa fille Doña Juana, sont mal choisis et ne prouvent rien, parce qu'elles n'ont hérité que par défaut absolu d'agnats mâles.

Donc, tous ces mots qu'il entasse pour dire que « les défenseurs de Charles VII pensent et affir-« ment que les femmes ont été perpétuellement « exclues de la succession au trône par l'acte de « Philippe V ; que cet acte , devant lequel ils « s'extasient, ils ne le connaissent pas, et que ce-« pendant ils partent de là pour imaginer que le « règne d'une femme est contraire au droit de la « nation, aux lois civiles, à la loi politique, à la « Sainte Ecriture et même aux sacrés Canons, « c'est-à-dire à la législation de l'Eglise, » ne sont qu'un amas de sottises, écrites pour dénigrer des adversaires en les calomniant d'une manière indigne d'un écrivain grave et consciencieux, et qui prouvent qu'il n'a pas eu même le talent de savoir conserver cet hypocrite air d'impartialité avec lequel il avait commencé à écrire.

C'est lui qui ne connaît pas la loi, c'est lui qui ne l'a pas même lue ; ou, s'il l'a lue et s'il la connaît, il a voulu tromper ses lecteurs. Et pour le cas actuel, il ne saurait s'en défendre. M. de Montoliu ne peut pas ignorer la loi, puisqu'il l'insère tout entière dans son appendice ; il doit l'avoir lue, puisqu'il en cite quelques passages. Voyons la manière dont il le fait.

Pour tromper le lecteur et lui faire croire que « Philippe V n'a pas eu l'idée d'exclure en prin- « cipe les femmes de la succession au trône, puis- « que, au contraire, sauf le cas d'hérédité en « ligne directe et masculine, il admet les fem- « mes par préférence aux rejetons masculins « dans beaucoup d'hypothèses, » il transcrit les passages suivants de la loi :

« Et, toutes les souches mâles du prince étant « épuisées complètement, sont appelées au trône « en lesdits royaumes la fille ou les filles du der- « nier rejeton régnant en qui aura pris fin la ligne « masculine. Et si le dernier régnant n'a sœur ou « sœurs, que soit appelé à ceindre la couronne le « mien descendant en ligne collatérale qui sera « le plus rapproché, qu'il soit garçon ou fille. Que « si de tels parents collatéraux n'ont eu ni gar- « çons ni filles, le droit à la couronne appartien- « dra aux filles que j'aurai. Enfin, pour le cas où « viendrait à manquer et à s'éteindre totalement

« toute la mienne descendance légitime de gar-
« çons et de filles, c'est ma volonté qu'en telle oc-
« currence, et non d'une autre manière, la maison
« de Savoie vienne à la dite succession. »

On dirait que tous ces passages se trouvent
dans la loi tels que M. de Montoliu les insère, sans
aucune interpolation, tout d'une suite, et chaque
article terminant là où commence le suivant; ou
plutôt qu'ils ne composent qu'un seul passage
divisé en plusieurs articles. Eh bien ! ce ne sont
pas seulement des passages différents de la loi,
qui ne s'y trouvent placés qu'à une longue dis-
tance l'un de l'autre ; mais ils ont été tellement
falsifiés que leur sens est tout-à-fait différent de
celui de la loi.

Lisez donc le premier article, qui commence :
« Et toutes les souches mâles », et finit « la ligne
« masculine », et voyez maintenant ce que dit
réellement la loi : « Et, toutes les lignes mâles du
« prince infant et de mes autres fils et descen-
« dants miens légitimes de mâle en mâle étant
« épuisées, sans qu'il existe par conséquent aucun
« mâle agnat légitime descendant mien dans le-
« quel puisse retomber la couronne, selon les ap-
« pels faits antérieurement, qu'elles succèdent en
« les dits royaumes la fille ou les filles du der-
« nier régnant mâle agnat mien... » Il établit
ensuite l'ordre de succession des descendants de
la dite fille, qui devra être celui de primogéni-
ture, conjointement avec les règles de représen-

tation et de préférence des lignes antérieures sur
les suivantes, mais ordonnant que « dans ladite
« fille, ou dans celui de ses descendants qui par
« sa prédécédence entrerait à la succession de
« cette monarchie, l'agnation rigoureuse sera sus-
« citée de nouveau comme en tête de ligne »
entre ses fils mâles et ses descendants légitimes,
qui devront succéder de mâle en mâle. Pour le
cas où le dernier régnant son agnat n'aurait pas
de filles ni de descendant légitime de ses filles, il
appelle la sœur ou l'une des sœurs du dernier
régnant, mais ordonnant de même qu'elle devienne tête de ligne et que l'agnation rigoureuse
soit nouvellement suscitée. C'est après tout cela
que se trouve dans la loi la disposition qu'on suppose exprimée dans le deuxième article, et qui commence : « Et si le dernier » et finit « garçon ou
« fille. » Lisez-le, et comparez-le avec le texte de
la loi, dont les mots sont comme il suit : « Et si le
« dernier régnant n'a sœur ou sœurs, qu'il suc-
« cède à la couronne celui de mes descendants
« collatéraux légitimes, et par ligne légitime, qui
« soit le plus proche parent du dit dernier régnant,
« qu'il soit garçon ou fille, et ses fils et descen-
« dants légitimes, et par ligne droite légitime,
« issus de constant et légitime mariage ; et par
« le même ordre et suivant les mêmes règles
« établies pour les fils et descendants des filles du
« dernier régnant, et en le dit parent plus pro-
« che, qu'il soit garçon ou fille, l'agnation rigou-

« reuse se suscitera aussi entre ses enfants mâles
« issus de constant et légitime mariage et en les
« fils et descendants de ceux-ci de mâles en
« mâles... » Comparez à présent le troisième article, qui commence : « Que si de tels parents col-
« latéraux » et finit « aux filles que j'aurai »,
avec les mots textuels de la loi, que voici : « Et
« dans le cas où il n'y aurait de tels parents colla-
« téraux du dit dernier régnant, mâles ou fem-
« mes, descendants de mes fils et miens légiti-
« mes et par ligne légitime, qu'elles succèdent à
« la couronne la fille ou les filles que j'aurai en
« constant et légitime mariage, l'une après l'au-
« tre, et préférant l'aînée à la cadette, et ses fils et
« descendants... Etant tout de même ma volonté
« qu'en quelconque de mes dites filles, ou de ses
« descendants, qui par leur prédécédence entrera
« à la succession de la monarchie, l'agnation ri-
« goureuse soit suscitée de la même manière
« entre les enfants mâles de ceux qui viendraient
« à régner, nés en constant et légitime mariage, et
« entre leurs fils et descendants mâles de mâles
« légitimes et par ligne légitime, nés tous en
« constant et légitime mariage ; étant ma royale
« intention que, tant qu'il se pourra, la dite suc-
« cession suive et s'exerce par les règles de
« l'agnation rigoureuse. »

On voit bien donc que Philippe V exclut les
femmes en principe, ne les admettant que par
exception. M. de Montoliu soutient cependant le

contraire, et, pour le prouver, il mutile et falsifie
la loi. J'abandonne cet éminent jurisconsulte et
cet écrivain consciencieux au jugement de mes
lecteurs.

L'auteur perd tout aussi bien son temps en essayant de nous prouver que les lois de succession
à la couronne ne peuvent être établies qu'avec le
concours de la nation. Il n'y a eu jamais de discussion sur ce point-là, et c'est là précisément
une des raisons pour lesquelles les défenseurs de
Charles V naguère et ceux de Charles VII aujour-
d'hui ne veulent pas accepter ni la déclaration
inusitée et despotique de Ferdinand VII, ni l'in-
concevable pétition des Cortès de 1789, à laquelle
il a prétendu donner force légale.

Examinons maintenant les arguments de M. de
Montoliu contre la loi de Philippe V. Les uns
sont dirigés contre les causes qui l'ont décidé à
établir la nouvelle loi; les autres, contre la validité et la légalité de la forme avec laquelle il a
procédé à son établissement.

Il commence par nier que Philippe V eût pour
but de couper court aux dissensions et aux guerres civiles qui se produisaient à chaque vacance
du trône. Pour prouver sa négation, il dit qu'il
n'y a pas d'exemple de guerre civile jusqu'à celle
de Sept-Ans du siècle actuel entre filles de rois et
princes agnats de rang antérieur. Et celle qui a
eu lieu entre les filles de Don Pedro Ier de Castille
et le frère de celui-ci, Don Enrique II ? Et cette

autre, si cruelle, si désastreuse, qui s'est engagée
en Aragon entre Don Pedro IV et son frère, l'infant Don Jaime ?

L'auteur ne veut pas accorder d'autres causes à
la résolution de Philippe V que l'influence de
Louis XIV et les intrigues de la cour de Versailles.

L'histoire de Philippe V ne prouve pas certainement que cette influence fût si grande que l'auteur veut le supposer. Mais ne discutons pas sur
ce point. Supposons que cette influence existait
réellement ; il n'y aurait eu rien d'étonnant. Mais
la nation, en acclamant Philippe V, n'ignorait
pas qu'il était petit-fils de Louis XIV ; donc elle
ne devait pas trouver très opposée à ses intérêts
cette influence toute naturelle du grand-père sur
le petit-fils. Ce qu'il faudrait démontrer, et l'auteur ne prend pas la peine de le faire, c'est que
cette influence dépassait ses justes bornes, qu'elle
pesait de telle sorte sur Philippe V qu'on pouvait
dire que l'Espagne n'était pas gouvernée par son
roi, mais par le roi de France. Si Louis XIV se
bornait à donner à son petit-fils les conseils qu'il
trouvait sages pour le gouvernement de sa nouvelle patrie et pour affermir son trône, en s'assu-
rant par la justice et la sagesse de sa politique
l'amour de ses sujets, il ne faisait que lui rendre
un grand service, ainsi qu'à l'Espagne. Et si le
petit-fils n'acceptait des conseils de son grand-père
que ceux que sa conscience et l'opinion de ses su-

jets les plus illustres et par le rang, et par la
science, et par l'autorité, lui signalaient comme
dignes d'être suivis, il n'y a rien à blâmer dans
sa conduite.

Nous ne savons que peu de chose des conseils
que Louis XIV donnait à Philippe V ; mais ce que
nous savons parfaitement, c'est la liberté absolue
avec laquelle il les refusait quand il pensait qu'il
devait le faire. Il en agit ainsi en répondant à une
lettre de son grand-père toute pleine de tendresse,
dans laquelle il le priait d'abdiquer la couronne
d'Espagne pour devenir après sa mort régent ou
roi de France : « Je trouve, disait-il à ce propos à
Louis XIV, « que la résolution que je prends est
« celle qui convient le mieux à ma gloire et au
« bien de mes sujets, qui ont tant contribué et
« par leur affection et par leur zèle à maintenir
« la couronne sur ma tête. »

M. de Montoliu, qui ne mentionne ce fait que
très légèrement, aurait dû y fixer un peu plus son
attention. Il aurait compris alors deux choses :
d'abord que Philippe V n'était pas si subordonné
qu'il le suppose à Louis XIV, et qu'il manque
donc à la vérité en disant *que sa cour était toute
imprégnée de l'influence de Versailles ;* en second
lieu, que ce roi, loin d'être digne de l'injustice
inusitée avec laquelle il le traite, avait toujours en
vue avant tout le bonheur de ses sujets.

L'auteur ne comprend pas cela ; il dit que *Philippe avait des obligations à Louis XIV, et qu'il*

n'avait pas eu le temps de contracter une affection
démesurée pour son nouveau peuple. C'est là précisément le ressort que Louis XIV essaya de toucher pour le faire abdiquer. « Si la gratitude, lui
disait-il dans sa lettre, « et l'affection pour vos sujets
« sont des motifs puissants pour rester parmi eux,
« je peux dire que vous devez avoir envers moi
« les mêmes sentiments ; *que vous les devez à*
« *votre famille, à votre patrie, plutôt qu'à l'Es-*
« *pagne.* » La gratitude et l'affection à ses sujets
l'emportent cependant sur les obligations qu'il
avait à Louis XIV. Mais cette affection pour son
nouveau peuple, nous dit l'auteur, il n'avait pas
eu le temps de la contracter. Comment? Oublie-
t-il qu'il s'était déjà écoulé treize ans depuis son
avènement au trône ? oublie-t-il que la plus grande partie de ce temps il l'avait passée à partager
avec son peuple les fatigues et la gloire de la
guerre ?

Mais si l'influence de Versailles s'employait à
décider Philippe V à abdiquer sa couronne, comment pouvait-elle s'exercer en même temps à l'en-
gager à donner une loi de succession à cette même
Espagne qu'on le priait de quitter ?

Voilà tout ce qui nous reste de cette influence
de Louis XIV et de la cour de Versailles.

L'auteur ne s'arrête pas là. « L'objectif, dit-il
— de la cour de Versailles bien entendu —, « était
« celui-ci : gouverner Philippe V par le moyen
« de la reine, et la reine par le moyen de la prin-

« cesse des Ursins. Philippe V, nous dit-on ,
« n'avait en rien une résolution à lui ; tout se dé-
« cidait entre la reine et la princesse des Ur-
« sins. » Il faut reconnaître que ce monsieur n'a
lu l'histoire que dans les romans, et précisément
dans ces romans publiés et répandus partout par
les modernes révolutionnaires pour discréditer
les rois et par là l'institution monarchique. On
peut bien lui appliquer ce que le célèbre P. Alva-
rado disait d'Argüelles : « Il a lu de mauvais li-
« vres, voilà son premier péché ; il les a lus sans
« discernement, voilà son second péché » S'il eût
été du moins exempt de ce second péché, il aurait trouvé que l'histoire et la critique se tour-
nent contre ses assertions.

Je ne dirai pas que Philippe V fût un roi parfait ; on n'en trouvera aucun, de même qu'on ne
trouvera pas non plus un homme qui n'ait ses défauts. Mais il est hors de doute qu'il rendit d'immenses services à sa nouvelle patrie, et qu'il fut
un grand roi, dont la mémoire ne doit être invoquée par les Espagnols qu'avec le plus profond
respect et la plus parfaite gratitude. Marie de
Savoie, son épouse, fut une des reines les plus justement et les plus sincèrement aimées pendant sa
vie et les plus tendrement regrettées après sa
mort. Quant à la princesse des Ursins, il est indubitable qu'elle fut quelque temps en faveur à la
cour ; mais il n'y a rien de certain par rapport à
cette toute-puissance que l'auteur lui attribue, et

surtout il n'y a pas un seul historien contemporain, il n'y a pas un seul document qui prouve
ni qui indique qu'elle soit intervenue en rien ou
qu'elle se soit mêlée en quelque façon dans l'affaire de la loi de succession.

Si Philippe V et son gouvernement eussent été
tels que M. de Montoliu nous les présente, il n'aurait pas certainement élevé l'Espagne, de la pros-
tration où elle se trouvait pendant le règne de
Charles II, à la hauteur de prospérité et de gran-
deur qu'elle avait à sa mort.

D'un autre côté, si de pareils arguments, qui
ne sont basés sur aucun fondement solide, mais
purement sur des soupçons ou de simples assertions de tel on tel auteur qui n'ajoute aucune
preuve de ce qu'il dit, pouvaient avoir jamais
quelque autorité, il n'y aurait pas peut-être une
seule loi dont la validité ne pût être contestée.

Enfin laissons de côté cette ridicule invention de l'influence française, et examinons avec
l'auteur, sous le rapport de la validité et de la
légalité de la forme, la loi de Philippe V.

Philippe V pouvait-il, oui ou non, établir un ordre de succession dans son royaume ? Moi je sou-
tiens que lui et tous les rois peuvent le faire avec
le concours de la nation.

L'auteur dit qu'il ne put pas le faire comme
conquérant, parce qu'il ne fut réellement conquérant que de l'Aragon, de la Catalogne et des
Baléares. Je ne veux pas discuter sur ce point-là.

Mais il ne le pouvait pas non plus, selon lui, à d'autres titres, parce qu'« il répugne à la conscience « qu'un roi puisse annuler le droit même qu'il a « invoqué pour lui-même et auquel il doit la cou- « ronne. » Il ne le pouvait non plus « sans s'ex- « poser à l'accusation de parjure, en violant les « lois fondamentales et séculaires qu'il avait juré « de respecter en montant sur le trône. »

Doña Isabelle et son fils Don Alphonse de Bourbon doivent être très orgueilleux de leur défenseur. Il leur montre qu'ils sont tous deux les descendants, et par ligne paternelle, et par ligne maternelle, et de tous côtés, d'un roi à peu près imbécile, qui n'avait en rien une résolution à lui; d'un roi sans conscience, d'un roi parjure.

Mais il faut avouer que dans cette qualification de *parjure*, M. de Montoliu n'a fait qu'imiter ceux qui l'ont précédé dans la triste tâche de défendre les prétendus droits de Doña Isabelle, et qui ont presque tous menti en affirmant que Philippe V avait juré je ne sais quelles lois. Il y en a même un, M. Zea-Bermudez, qui affirme expressément qu'il a juré la loi de *Partida*. Pour les démentir tous, je me borne à transcrire la formule du serment prêté par Philippe V en montant sur le trône : « Je jure avoir et garder le do- « maine et les seigneuries de la couronne royale « de ces royaumes, et de ne pas aliéner les « cités, villes, communes, termes ni juridictions, « ni les revenus, impôts ni droits de ceux qui

« appartiennent à la couronne et au domaine
« royal (1).

Mais quand même il serait exact qu'il ait juré
la loi de *Partida*, et que cette loi fût loi, et que ce
fût en vertu d'elle qu'il monta sur le trône, pourquoi devait-il répugner à sa conscience de la
changer ou d'y déroger avec le concours de la nation, si lui et la nation ne la trouvaient plus
bonne, s'ils pensaient qu'on pouvait en établir
une autre plus avantageuse et plus conforme aux
intérêts de la nation ? Dans ce cas, il n'y aurait
jamais, dans aucun État, la possibilité de changer ou de modifier les lois qui règlent l'ordre de
succession à la couronne, quelque vicieuses
qu'elles fussent.

Mais M. de Montoliu prétend que le concours de
la nation a manqué, que Philippe V n'agit qu'ar-
bitrairement, et que l'établissement de sa loi
n'est que le produit d'intrigues et de méchan-
cetés. Voyons et examinons ce qu'il nous raconte.

Naturellement, il attribue ce projet à la reine,
toujours gouvernée par la princesse des Ursins.
Le marquis de San Felipe parle de la part que la
reine prit dans cette affaire ; il dit qu'elle la conduisit avec beaucoup d'adresse. Je cite le marquis
de San Felipe parce qu'il est le seul auteur espagnol que M. de Montoliu cite de son côté, et

(1) MARINA, *Teoria de las Cortes*, part. 2, cap. 5.

parce que je veux faire remarquer la manière
dont il mutile et falsifie le seul passage qu'il lui
emprunte. Voulant indiquer que du premier
abord le projet avait été mal reçu par la généra-
lité, il attribue au marquis de San Felipe comme
textuels les mots suivants : « Ceci parut dur à
« plusieurs, et d'autant plus qu'on abrogeait une
« loi fondamentale et grâce à laquelle justement
« la maison de Bourbon était parvenue à la suc-
« cession du royaume. » L'auteur a falsifié ce passage en en supprimant une partie très essentielle,
et en faisant en conséquence dire au marquis de
San Felipe une chose très différente de ce qu'il dit
réellement. Voici les vrais mots du marquis de
San Felipe : « Ceci paraissait dur à plusieurs, plus
« satisfaits de l'ancienneté de la coutume que de
« la justice, d'autant plus qu'on dérogeait à une
« loi fondamentale grâce à laquelle la maison de
« Bourbon était parvenue à la succession du
« royaume. » Il ne faut pas sans doute que je
m'arrête à expliquer la raison de cette falsification. Mes lecteurs la comprendront très bien, surtout quand ils remarqueront que M. de Montoliu,
comme preuve de cette « parfaite impartialité »
dont il fait tant d'ostentation au commencement
de sa brochure, supprime également ce que le
marquis de San Felipe dit ensuite. Pourquoi nous
cache-t-il que cet historien ajoute que « les hom-
« mes sages et politiques approuvaient le projet,
« pour ne pas exposer les peuples à admettre un

« roi étranger pendant qu'il existerait des prin-
« ces du sang royal d'Espagne descendant direc-
« tement de Philippe V ? ».Parce que tout ce qu'il
supprime de mauvaise foi et que je viens de transcrire prouve tout le contraire de ce qu'il veut laisser entrevoir : que le marquis de San Felipe, loin
de blâmer le projet, y applaudit ; que selon cet
historien, contemporain de Philippe V, et sur le
témoignage duquel il a si imprudemment tenté
d'appuyer ses assertions insensées, l'opinion qui
se montrait peu favorable au projet, loin d'être la
vraie opinion publique, celle dont réellement on
doit tenir compte, n'était que celle de ceux qui
étaient plus satisfaits de l'ancienneté de la coutume que de la *justice*, et qui n'étaient *ni sages ni
politiques*. Avant de passer outre, je dois prévenir
mes lecteurs que la loi fondamentale à laquelle
fait allusion le marquis de San Felipe n'est pas la
loi de *Partida*, mais une autre qui n'a jamais
existé.

Quant à l'intervention de la reine dans l'affaire
de la loi de succession, de tout ce que dit le marquis de San Felipe, nous ne pouvons déduire logiquement qu'une seule conséquence, à savoir : que
si cette intervention fut telle qu'il l'affirme, la
reine ne fit que se mettre du côté de la justice et
du côté des *hommes sages et politiques* du royaume ; que si elle conduisit l'affaire avec *un certain
art*, comme le marquis le dit, et réussit par son
habileté à faire approuver par le Conseil d'Etat un

projet conseillé et par la *justice*, et par la *sagesse*, et par la *politique*, il n'y a qu'à bénir la divine Providence et à la remercier d'avoir accordé à l'auguste fondateur de la dynastie de Bourbon en Espagne une épouse si digne de lui, une épouse si *juste*, si *sage*, si *politique* et si *habile*.

Mais les conseillers d'Etat, dit M. de Montoliu, appartenaient tous au parti français. Il aurait dû nous en fournir les preuves; mais il fait comme toujours : il veut être cru sur parole. Quoi qu'il en soit, auraient-ils perdu par cette circonstance leur qualité de conseillers d'Etat, leur qualité d'Espagnols, leur qualité d'honnêtes hommes? Ne seraient-ils pas toujours les chefs des premières familles de la nation? N'offraient-ils pas toujours, et dans leurs richesses, et dans leur rang élevé, et dans leur nom illustre, les plus solides garanties d'honnêteté, de loyauté, d'amour sincère et désintéressé à leur roi et à leur patrie? Serait-il juste de soupçonner qu'ils n'étaient que des traîtres, qui sacrifiaient l'intérêt de leur patrie à l'intérêt de l'étranger? Quoi! est-ce un crime de trahison de croire qu'on doit tenir compte des conseils ou des insinuations d'une puissance amie ou d'un souverain allié? Et d'où vient une pareille accusation? d'un alphonsiste, d'un membre de ce parti modéré qui de 1843 à 1848 ne fut en Espagne qu'un si humble serviteur de Louis-Philippe et un si docile instrument de la politique française, qu'il fut qualifié de « parti français » par M. Gui-

zot dans les chambres. *Quis tulerit Gracchos de
seditione querentes?* Ce qu'il y a de plus choquant,
c'est non-seulement l'injustice de l'accusation,
mais la complète fausseté du fait affirmé par
M. de Montoliu. Il faut lire ses propres paroles
pour bien connaître toute sa mauvaise foi et son
effronterie à falsifier l'histoire.

« Le conseiller de Castille Curiel, dit-il, rédigea
« le projet de loi...; et le conseil d'Etat, composé
« des membres ci dessus mentionnés, *tous du parti*
« *français*, appuya le projet d'un vote favorable...
« On ajoute que l'ambassadeur français, M. Ame-
« lot, ne trouvant pas autant de docilité auprès
« du conseil de cabinet, qui n'acceptait pas en
« aveugle toutes les insinuations, le fit dissoudre
« par le roi et remplacer par des créatures de la
« *camarilla* française. » Quel amas de faussetés !

Ce ne fut pas en 1713, ni à l'occasion du projet de
loi sur la succession à la couronne, que M. Amelot
réussit à faire supprimer le conseil de cabinet,
mais en 1709, lorsque personne ne pensait encore
à ce projet, et que M. Amelot ne s'occupait que
de persuader à Philippe V de renoncer à la couronne d'Espagne.

Il est pareillement contraire à la vérité qu'il le
fit remplacer par des créatures de la camarilla
française. Le conseil de cabinet fut réinstallé peu
de jours après sa suppression, et avec les mêmes
membres qu'antérieurement, excepté le duc de
Montellano et le comte de San Juan. Ce n'était

pas un grand triomphe pour le parti français et
M. Amelot. En effet, Philippe V se sépara si complètement d'eux, leur déroute fut si complète, que
la princesse des Ursins, craignant de se voir
entraînée dans leur chute, embrassa résolûment
le parti espagnol. Enfin, M. Amelot quitta l'Espagne le 2 octobre 1709, trois ans avant que personne
ne s'y occupât de la loi de succession.

Et quels étaient les membres de ce conseil de
cabinet, ennemi de l'influence française, que M.
Amelot réussit à faire dissoudre en 1709? Le duc
de Medina-Sidonia, le duc de Veragua, le comte
de San Juan, le duc de Montellano, le marquis de
Bedmar, le comte de Frigiliana et Don Francisco
Ronquillo. — Et quels étaient les membres de ce
conseil d'Etat de 1713 que M. de Montoliu dit
appartenir tous au parti français? Le duc de
Medina-Sidonia, le duc de Montellano, le marquis
de Bedmar, le comte de Frigiliana, le marquis de
Canales, le marquis d'Almonacid, le comte de
San Esteban, le cardinal Judice, le duc de Mon-
talto, le duc d'Arcos et le comte de Monterey. Voilà
donc que le tiers au moins de ce conseil, que M.
de Montoliu dit appartenir au parti français, était
composé d'adversaires déclarés de l'influence de la
cour de Versailles.

Ce ne fut qu'en 1789, quoi qu'en dise M. de
Montoliu, qu'on eut en vue précisément l'intérêt
de la France, comme je le prouverai en temps et
lieu.

L'exposition du conseil d'Etat à Philippe V ne fut donc qu'un acte parfaitement légal ; et si on l'attaque si durement, ce n'est que pour éviter que les yeux des hommes droits et impartiaux se fixent sur le défaut d'une condition si importante dans la proposition présentée par ordre de Charles IV aux Cortès de 1789.

Il est bien naturel que l'auteur embrouille et falsifie l'histoire en parlant du conseil de Castille de la même manière qu'il l'a fait en parlant du conseil d'Etat.

« Le conseil de Castille, dit-il, donna un avis si « peu satisfaisant, que le Roi en fit brûler la cédule « authentique, afin qu'il ne restât aucune trace « d'une résistance quelconque ; et puis il fit « demander à chaque conseiller séparément son « vote, que celui-ci dut lui envoyer écrit et signé « de sa main sous pli scellé.

« Le résultat de ces manœuvres fut naturelle- « ment conforme aux désirs du Roi ; mais du « conseil même réuni en assemblée, le monarque « ne put tirer autre chose que la résolution for- « mulée en ces termes :

« *Pour la légalité et la validité, de même que* « *pour l'acceptation générale, il serait à désirer que* « *la nation, convoquée dans ses Cortès, concourût à* « *l'établissement de cette loi.* »

L'auteur ajoute que, malgré cette observation, Philippe V promulgua l'arrêt rendu sans attendre l'approbation des Cortès. Sur ce point-là, il n'y a qu'à lire le préambule de la loi pour voir qu'elle n'a été promulguée qu'après la demande faite par les Cortès.

Dans les passages que je viens de copier, il manque complètement à l'exactitude. Il dit tout expressément que le Roi « fit brûler la cédule au- « thentique, afin qu'il ne restât aucune trace « d'une résistance quelconque. » Ici il ne se trompe pas, il veut tromper. Puisqu'il a lu le marquis de San Felipe, il ne peut pas ignorer que celui-ci donne la vraie raison : « ce fut pour qu'on « n'y trouvât, dans aucun temps, un principe de « doute et d'occasion à une guerre. » Et pour-quoi ? Le marquis de San Felipe lui-même nous en donne l'explication quelques lignes plus haut : « Il « y eut, dit-il, une telle diversité d'avis (la plupart « équivoques et obscurs), qu'en somme ils ne di- « saient rien ; ce rapport était plutôt une semence « de procès et de guerres civiles. » C'est-à-dire que Philippe, loin d'avoir commis un attentat, comme l'auteur le suppose, en brûlant ce rapport, et loin d'être à blâmer pour cela, rendit un grand service à la nation « en détruisant une semence de procès « et de guerres civiles. »

C'est ici le moment opportun de prouver ce dont j'ai fait la remarque plus haut, à savoir : que la loi à laquelle le marquis de San Felipe faisait allu-sion, en parlant de ceux qui trouvaient dur le pro-jet parce qu'il dérogeait à une loi fondamentale, n'est pas la loi de *Partida*. Je trouve cette preuve dans le passage même dont je m'occupais, quand il donne la raison de cette diversité d'avis existant dans le rapport, « parce que ni Don Francisco « Ronquillo, dit-il, ni une grande partie des con- « seillers ne trouvaient bien de changer l'ordre de « succession, mais ils voulaient laisser celui qui « avait été établi par les anciens rois Don Fer- « dinand-le-Catholique et Doña Isabelle sa femme. « me. » On aurait bien de la peine à savoir ce qui avait été établi par ces rois, dont la fille n'hérita en Castille et en Aragon que par défaut absolu d'agnats mâles, et qui n'obtint le serment des Aragonais qu'avec la condition que ce serait pour *cette fois seule* qu'on prêterait serment à une princesse. Mais, de toute manière, ce qui résulte, c'est que, du temps de Philippe V, ceux qui, contre l'avis des « hommes sages et politiques, » s'oppo- sèrent au projet de loi de succession agnatique, n'invoquaient pas la loi de *Partida :* nouvelle preuve que cette loi ne fut jamais considérée comme loi du royaume.

Mais où l'auteur s'embrouille et se contredit, falsifie les mots, et confond les termes juridiques d'une manière plus épouvantable, c'est quand il essaie d'expliquer ce qui se passa aux Cortès.

Il commence par dire que les Cortès, se trouvant réunies pour approuver la renonciation de Phi- lippe V à la couronne de France, il leur demanda leur consentement pour la publication de la nou- velle loi, mais que les Cortès ayant répondu qu'elles n'avaient pas de pouvoirs à cet effet, il adressa, à la date du 9 décembre 1712, une lettre aux villes par laquelle il les invitait à envoyer à leurs mandataires de nouveaux pouvoirs pour approuver la loi.

Il trouve en tout cela je ne sais quoi d'irrégulier et d'illégal; mais c'est parce qu'il ne connaît pas l'histoire, ou parce qu'il a oublié qu'elle nous présente d'autres cas pareils. Par exemple, en 1425, les Cortès se trouvant réunies à Valladolid pour d'autres affaires, le roi leur demanda de jurer obéissance à son fils, le prince Don Enrique, comme héritier du royaume ; mais dans la croyance que pour cet acte il fallait des pouvoirs spéciaux, elles furent suspendues, et le roi adressa pareillement une lettre aux villes, les invitant à envoyer les dits pouvoirs.

M. de Montoliu nous présente le témoignage du marquis de Miraflores pour nous apprendre que Philippe V, ayant trouvé de la répugnance dans les Cortès, et la plupart des députés ayant repoussé le projet, prononça la dissolution, mais qu'il ne manqua pas de se trouver quelques complaisants par le moyen desquels on se procura un renouvellement de pouvoirs sans convocation préalable et sans compléter le nombre des députés des trente-sept villes ayant droit de vote aux Cortès. Ce n'est qu'un mensonge du marquis de Miraflores. Ce fameux marquis, plus fameux par sa fatuité et ses sottises que par sa haine acharnée contre Charles V, auquel il fit une guerre bien peu noble, pensa qu'il pouvait inventer impunément tout ce qu'il voudrait par rapport aux actes des Cortès de 1713; il savait peut-être mieux que personne que, dans le temps précisément où la Révolution récompensait ses services en l'élevant aux premières places, on avait fait disparaître ces actes. Mais il oublia que pour que le mensonge produise ses effets, il faut savoir mentir, il faut que ce qu'on invente ait au moins quelque apparence de vraisemblance. Où a-t il appris ce qu'il raconte? Quelle est l'histoire qui en parle ou qui en fasse même la plus légère mention? Où sont les documents qui justifient son assertion? Un tel fait aurait-il pu rester caché pendant trois quarts de siècle? Il fallait certainement être aussi simple que ce pauvre marquis pour penser qu'il pouvait se trouver une seule personne qui ajoutât la moindre foi à un mensonge inventé cent vingt ans après les événements, et qui se trouve démenti par tout ce qu'on a écrit pendant ces cent vingt années. C'est pour cela que tous ceux qui ont essayé de défendre la cause de Doña Isabelle ont eu le bon sens non-seulement de ne pas se servir de cette si précieuse donnée, mais encore de ne pas même en parler. Il y en a eu un cependant à qui ce bon sens a manqué; c'est M. de Montoliu. Je n'en suis pas étonné.

Afin d'éviter que l'auteur ne s'irrite de ce que je viens de dire, je vais lui en expliquer la raison: c'est parce que je trouve chez lui la même exac-

titude, la même critique, et surtout le même esprit
d'impartialité que chez le marquis de Miraflores.
En voici une preuve.

Lui qui ne trouve rien de valide ni de légal dans
tout ce qui a été fait en 1713, et qui trouve bon
tout, absolument tout, ce qui a eu lieu en 1789,
blâme très durement Philippe V parce qu'il « con-
« sidérait, dit-il, cette intervention (celle des
« Cortès) si peu nécessaire, que dans le cas où
« les municipalités n'enverraient pas de pouvoirs
« à cet effet, il était résolu à passer outre, comme
« il les en avertissait. »

Il a raison, je l'avoue. Dans ces beaux jours de
Charles IV, dans cet heureux temps de Campomanes et de Floridablanca, on n'aurait pas osé
certainement tenir un pareil langage ; et cependant, si on l'avait fait, si même on avait employé
des termes plus durs et plus tranchés, que pensent mes lecteurs qu'en dirait M. de Montoliu ?
Certainement, lui, qui s'était si fortement indigné
contre Philippe V pour ces mots de sa lettre : « Je
« vous fais savoir que faute à vous d'agir ainsi,
« j'ordonnerai de conclure et d'arranger tout ce
« qu'il conviendra de faire et qui devra être
« fait. » dut rester désolé quand , arrivant au
temps de Charles IV, il trouve que celui-ci, non
content de dire textuellement les mêmes paroles
dans sa lettre de convocation pour les Cortès de
1789, ajoute encore celles-ci : « dans la même
« forme et de la même manière que si tous les

«, députés de mes Etats se trouvaient présents « avec les pouvoirs requis. » On voit qu'il y a en-tre les deux lettres une grande différence : que Philippe V ne dit pas ce qu'il fera, mais qu'il fera ce qu'il devra faire, pendant que Charles IV dit expressément qu'il agira dans la même forme et de la même manière que si tous les députés se trouvaient présents. Cependant mes lecteurs pen-sent-ils que M. de Montoliu s'indigne contre lui, qu'il le blâme aussi fortement que Philippe V? Point du tout. Il ne trouve pas bien ces mots; mais il pense qu'ils sont excusables, qu'ils ne sont qu'une conséquence naturelle et logique des principes politiques de l'époque. Jugez par là de son im-partialité.

Ce qu'il y a, c'est qu'il ignore deux choses : d'abord, que ces mots ou d'autres analogues ne sont que de pures et simples formules, et se trou-vent dans toutes les lettres de convocation aux Cortès ; deuxièmement, que, comme ces lettres ne sont pas adressées à la nation en général, mais à chaque municipalité en particulier, les dits mots ne sont pas pareillement adressés à la nation en général, mais à chaque ville en particulier. Donc, ils ne veulent pas dire « si tous les députés « de la nation font défaut..., » mais « si tes dé-« putés (Tolède ou Burgos, ou toute autre ville à laquelle la lettre est adressée) « ne se trouvent « pas présents... » Il n'était pas juste ni convena-b'e de laisser au pouvoir de quelques villes ou de quelques députés d'empêcher par le défaut de leur concours la réunion des Cortès.

Les autres arguments que l'auteur ajoute contre la loi de Philippe V sont de la même nature et de la même force que les antérieurs.

Il dit que l'assemblée qui avait à traiter de la loi de succession ne s'étant réunie que le 10 mai 1713, six mois après la séance qui fut tenue le 5 novembre 1712 pour autoriser la renonciation de Philippe V à la couronne, il ne faudrait pas s'imaginer qu'il était resté beaucoup de députés à Madrid, et qu'on ignore le nombre de ceux qui assistèrent à la dite assemblée. Mais, s'il l'ignore, quel argument peut-il en déduire ? Il croit qu'il ne devait pas se trouver beaucoup de députés à Madrid. Le roi n'en serait nullement coupable, car il n'y avait rien d'illégal dans sa conduite, puisqu'il les avait convoqués ; mais les députés qui manquaient à leur devoir et ceux qui, leur ayant donné leurs pouvoirs, ne les obligeaient pas à se rendre à leur poste et à remplir complètement leur mandat. Sans doute , ce monsieur s'imagine que les anciens députés étaient comme ceux des modernes congrès, qui ne restent à la cour que le temps qui leur convient.

Mais là où il croit trouver un argument d'une force immense, un argument incontestable, indestructible, c'est dans ce fait : Le 14 mai 1713, dit-il, le comte de Gramedo adressa aux députés du royaume réunis en Cortès une communication,

leur remettant la nouvelle loi par l'ordre du roi
pour la leur notifier et pour qu'elle fût enregis-
trée dans les archives des Cortès, et les priant
de la lui retourner pour sa publication.

Où est donc dans tout cela, s'écrie-t-il comme
possédé d'une sainte indignation, la représentation du royaume? où sont les observations? où est
la délibération? où est le vote? Qu'ont fait de leur
dignité ces députés qui ne se servent de leurs
pouvoirs que pour constater la notification pure
et simple d'une loi du monarque? Le texte en est
envoyé le 14 mai ; on l'enregistre, et on le renvoie le 15. Est-ce là ce qu'on appelle une loi faite
par les Cortès? Oui, monsieur, et précisément le
défaut de toutes les conditions qu'on voit remplies
par ce fait, — cette communication, cette notification et cette publication opportune — est une des
raisons par laquelle tout ce qu'on a fait en 1789 et
en 1830 n'est ni ne sera jamais valide ni légal.

Dans toutes ces exclamations de l'auteur on ne
voit que la plus parfaite ignorance de sa part. Il
confond la notification de la loi avec la notification
du projet; et pour cela il se méprend d'une manière qui n'est pas digne d'un éminent jurisconsulte sur la signification de cette communication
du comte de Gramedo : il ne comprend pas que ce
qu'il a notifié aux Cortès n'est pas le projet ou la
proposition de cette loi, mais la loi-même, et cela
en parfaite conformité au droit et aux règles établies. Dans nos anciennes Cortès la proposition

était présentée aux Cortès par le Roi, en présence
duquel se tenaient toujours les séances ; le notaire
des Cortès en donnait lecture ; on procédait ensuite à la discussion et au vote, et si celui-ci était
favorable à la proposition, on adressait au Roi le
message contenant pétition de publier la nouvelle loi. Le Roi ordonnait au conseil de Castille
d'expédier la pragmatique, laquelle devait être
notifiée aux Cortès avant sa publication, et, selon
une loi formée par une coutume séculaire, elle
devait être notifiée aux mêmes Cortès qui avaient
fait la pétition. Voilà donc que M. de Montoliu
blâme Philippe V précisément pour son exacte observance des lois et des coutumes établies.

Je pense qu'il ne croit pas trop lui-même ce
qu'il dit, mais qu'il tâche d'empêcher les yeux de
ceux qui voudront étudier un peu sérieusement
cette question, de se fixer sur le défaut de toute
formalité légale dans cette farce indigne représentée en 1789, et reproduite avec plus grand
scandale en 1830.

De tout ce qui a eu lieu aux Cortès de 1713, il
ne peut rien savoir réellement, parce qu'il ne nous
en reste rien, le procès-verbal ayant disparu, à ce
qu'on suppose, pendant la régence de Doña Maria
Christine ; et il profite du seul document qui a pu
échapper à la fureur de ceux qui ont fait disparaître les actes des dites Cortès pour affirmer que
tout se trouve réduit à la communication de la loi
et à son enregistrement. Mais il aurait dû tenir

6

compté de ce qu'une des conditions indispensables
à quiconque fait de l'histoire à plaisir est une
bonne mémoire, et que la sienne est trop infidèle.
Il ne se verrait pas alors pris dans la plus affreuse
contradiction. Nous venons de voir à quoi s'est
réduite, selon l'affirmation expresse de M. de
Montoliu, toute l'intervention des Cortès de 1713
dans l'établissement de la loi de succession; il
avait oublié que, peu de lignes plus haut, il nous
parle d'une séance qui avait eu lieu quatre jours
avant la notification faite par le comte de Gramedo. Le traducteur français n'a pas été trop exact
en traduisant les mots que l'auteur emploie en
parlant de cette séance. La traduction française
dit : « L'Assemblée qui avait à traiter de la réforme
« de la loi de succession, se réunit le 10 mai 1713. »
L'original espagnol dit : « La séance pour traiter
« de la réforme de la loi de succession eut lieu le
« 10 mai 1713. » Donc il y a eu une séance au
moins dans laquelle l'affaire a été traitée. Donc,
l'auteur manque sciemment à la vérité quand il
affirme que toute l'intervention des Cortès s'est
bornée à recevoir la notification le 15 mai, à enregistrer la loi et à la renvoyer le 14. Donc il calomnie sciemment la mémoire de ces députés quand il
les accuse de ne s'être servis de leurs pouvoirs
que pour constater la notification pure et simple
de la loi.

Enfin, pour prouver que M. de Montoliu ne sait
pas ce qu'il dit, nous n'avons qu'à parcourir le

texte même de la loi. On lit dans son préambule :
« Attendu que justement les Cortès sont réunies
« en cette ville, j'ai ordonné aux cités et aux com-
« munes qui ont droit de vote aux Cortès, qu'elles
« remissent à leurs délégués des pouvoirs suffi-
« sants pour délibérer et arrêter sur ce sujet ce
« qu'ils jugeraient convenable pour la cause pu-
« blique ; attendu que ces pouvoirs ont été donnés,
« que les avis des deux conseils ont été commu-
« niqués aux Cortès ; attendu que celles-ci ont été
« éclairées sur la justice et sur l'utilité de ce nou-
« veau réglement ; attendu, en outre, que les dits
« députés m'ont demandé d'établir, comme loi
« fondamentale de la succession de ces royaumes,
« le susdit nouveau réglement, avec abolition des
« lois et des coutumes contraires, etc. »

Nous voyons ici déclaré que les Cortès n'ont pas
seulement entendu la proposition, mais que les avis
des deux conseils, c'est-à-dire le dossier entier de
l'affaire leur a été communiqué, qu'en conséquence elles ont pu être parfaitement éclairées sur
la justice et l'utilité de l'affaire, et qu'en vertu de
tout cela elles « ont demandé » à Philippe V
d'établir le nouveau réglement comme loi fondamentale du royaume. Il y a eu donc examen, et
vote, et demande. Que veut-on de plus ?

Il ne reste donc à nos pauvres adversaires que
le triste et misérable recours de prétendre que
Philippe V a menti ; que le conseil de Castille, qui
expédia la pragmatique, a menti avec lui ; que

de ces mensonges se sont rendus complices tous
les députés qui ont consenti à enregistrer la loi,
et les cités, les villes et les communes qui ont
approuvé la conduite de leurs délégués et reçu la
loi; et que tous ces mensonges sont restés si
parfaitement cachés pendant cent vingt ans, que
personne ne s'en était aperçu jusqu'à ce que les
libéraux, entre les mains desquels Ferdinand VII
s'était livré, purent, par une espèce d'art magique,
mais malheureusement sans en obtenir une seule
preuve, les deviner.

M. de Montoliu, dans son désir ardent de faire
preuve de son alphonsisme, n'oublie aucun moyen
pour attaquer la loi fondamentale de Philippe V.
Malheureusement pour lui, il ne réussit qu'à
montrer de plus en plus sa légèreté.

Après avoir essayé de démontrer, avec la logique
et la solidité qu'on vient de voir, l'illégalité de la
loi par la forme dont on a procédé à son établissement, il veut nous la présenter en contradiction
avec la loi organique du 18 mars 1713, contenant
la renonciation de Philippe V à la couronne de
France, parce que cette loi n'appelait la maison
de Savoie à la succession de la couronne qu'à
défaut de « tous descendants légitimes siens, de
« l'un ou de l'autre sexe; » d'où il veut déduire
que, le 18 mars, Philippe V admettait les femmes,
tout comme les mâles, à la succession de la couronne. Faisons un parallèle des deux lois.

LOI ORGANIQUE DU 18 MARS.

« Je déclare qu'à défaut de ma royale personne
« et de mes de·cendants légitimes, *masculins et*
« *féminins*, la succession de cette monarchie re-
·« vient au duc de Savoie. »

NOUVEAU RÉGLEMENT.

« Pour le cas où viendrait à manquer et à s'é-
« teindre totalement toute la mienne descendance
« légitime de *garçons et de filles*, nés de constant
« et légitime mariage, de sorte qu'il n'y ait ni
« garçon ni fille de ma descendance légitime et
« par ligne légitime qui puisse venir à la succes-
« sion de cette monarchie, c'est ma volonté qu'en
« telle occurrence, et non d'une autre manière, la
« maison de Savoie vienne à la dite succession. »

En quoi se contredisent·elles ces deux lois ?
Comme M. de Montoliu, tout en insérant dans son
appendice la loi de Philippe V, ne l'a pas lue, ne l'a
pas même feuilletée, il n'a pas pu remarquer que la
dite loi, après tous les fils de ce roi et les descendants mâles de chacun d'eux, appelle à la succession à la couronne les filles du dernier rejeton
mâle, et s'il n'y en avait pas, ses sœurs, et par
défaut de toute descendance masculine et féminine
des fils de Philippe V, ses filles ou leurs descendants, déclarant que seulement dans le cas d'extinction totale de toutes les branches issues de

Philippe V, par ses fils ou par ses filles, la couronne passerait à la maison de Savoie.

Voilà pourquoi c'est aussi une extravagance de M. de Montoliu de vouloir non-seulement nous présenter comme contradictoires la loi de succession de Philippe V et la loi du *Fuero Real*, — contenue dans la *Novisima Recopilacion*, et relative à la fidélité qu'on doit garder à l'*héritier* ou à l'*héritière* du trône, — pour supposer que la première déroge à la seconde, mais encore de déduire de l'insertion des deux dites lois dans la *Novisima Recopilacion* un argument pour prouver — à ce qu'on peut comprendre, car réellement on ne peut pas savoir ce qu'il veut dire — que ce code n'est pas un vrai code, mais simplement un recueil de dispositions législatives, et que, en conséquence, l'insertion par ordre de Charles IV dans la *Novisima Recopilacion* de la loi de Philippe V ne signifie pas que, loin d'accéder à sa dérogation, il tenait à ce qu'elle fût maintenue.

Quant à la contradiction, je n'ai qu'à répéter ce que je viens de dire : Certains cas où la fille d'un roi peut succéder à la couronne se trouvant marqués dans la loi de Philippe V, elle ne peut pas se trouver en contradiction avec une autre loi qui parle du *fils* et de la *fille*, de l'*héritier* et de l'*héritière*. Mais il faut être un jurisconsulte comme M. de Montoliu pour s'être aperçu que cette loi, qu'il appelle *célèbre*, du *Fuero Real*, et qui ne parle que de la fidélité, de l'amour et de l'obéissance que tous les hommes doivent garder au fils ou à la fille qui succède au roi, et de l'hommage qui doit être rendu à l'héritier ou à l'héritière du royaume, n'est pas une loi d'une nature toute différente de celle de Philippe V, mais qu'elle est, de même que celle-ci, une loi de succession à la couronne.

Quant à l'autorité de la *Novisima Recopilacion* et à la force que Charles IV a voulu donner à toutes et à chacune des lois qu'elle contient, je recommande à l'auteur de se donner la peine de lire la royale ordonnance qui se trouve en tête dudit code. Et pour lui apprendre quelque chose, tant par rapport à l'autorité de la *Novisima Recopilacion* que par rapport à la validité de la loi de Philippe V, je lui ferai observer que Marina, écrivain libéral, très libéral, et dans une œuvre publiée à une époque où l'Espagne se trouvait soumise au régime libéral, dit : « Selon les maximes « et les principes de notre droit, il n'y a aucune « espèce de doute qu'*il ne faille préférer la loi* « *de Philippe V, et qu'elle ne doive prévaloir*, « comme étant la plus récente et la dernière, et « incorporée dans le code classique et de première « autorité entre tous ceux de la nation. »

On dira que je m'arrête à des petitesses ; mais je me suis proposé non-seulement de ne laisser sans réponse aucun des arguments employés par M. de Montoliu, mais encore de faire voir aux Français, dont on a tenté de surprendre la bonne

foi avec la traduction de sa brochure, tout ce
qu'il y a de puéril et de ridicule dans la plupart
de ses arguments.

Celui dont je vais m'occuper l'emporte, en ce
point-là, sur tous les autres. Il est bon d'en prendre connaissance : La loi de Philippe V ne doit
pas être regardée comme loi fondamentale, parce
qu'il la fit insérer dans le recueil d'*Actes accordés*
(*Autos acordados*) du Conseil de Castille. L'histoire
de ce recueil est celle-ci : Dès la publication de la
Nueva Recopilacion jusqu'à Philippe V, il s'était
publié plusieurs dispositions de nature et caractère différents qui ne se trouvaient rassemblées
dans aucun corps de lois, ce qui n'était pas très
commode pour ceux qui en devaient faire usage,
et surtout pour ceux qui se trouvaient dans le
devoir de les connaître. Pour remédier à cet inconvénient, Philippe V ordonna que toutes ces
dispositions fussent compilées et réunies dans un
volume qui, depuis cette époque, a été toujours
regardé comme un dernier volume de la *Nueva
Recopilacion*. Ce volume reçut le nom de *Recueil d'Actes accordés*, parce que la plupart des
dites dispositions appartenaient à cette classe.
M. de Montoliu a oublié que la fameuse loi de
Ferdinand VII ne fut insérée que dans la *Collection de décrets*. Vraiment, il faut être savant autant que M. de Montoliu pour faire dépendre la
nature de la loi du recueil où elle a trouvé place
pour la première fois.

Mes lecteurs pensent-ils que j'aie fini de répondre aux arguments de l'auteur contre la loi de Philippe V ? Ils se trompent alors.

Il lui reste un argument superbe. Il se base sur une omission que l'auteur prétend avoir eu lieu dans l'insertion de la loi dans la *Novisima Recopilacion*, celle de la condition expressément exigée par Philippe V : « que son héritier mascu-
« lin devra être né et avoir été élevé en Espagne
« ou dans un des pays soumis à la domination
« espagnole. »

M. de Montoliu ne sait pas bien si l'auteur de cette suppression a été Charles IV, et dans ce cas il dit que la loi est nulle, parce qu'elle a subi une altération très grave, ou si c'est le même Philippe V. Il croit cependant, parce que cela lui convient plus, que ce fut Charles IV. « Il est à
« présumer, dit-il, que le texte original de la loi
« reproduisait cette phrase. » Quelle ignorance ! Pourquoi, avant de dire cette bévue, n'a-t-il pas examiné ce même recueil d'*Actes accordés*, où elle fut insérée pour la première fois du temps même de Philippe V, en 1723? il aurait vu que cette phrase n'existe pas. Comment, lui, qui prétend avoir fait une étude sérieuse de la question dynastique et avoir lu tout ce qui a été écrit des deux côtés, ne connaît pas la brochure publiée, il n'y a que trois ans, par Don Antonio Aparici ? S'il l'avait lue, il y aurait appris qu'au secrétariat du Congrès des députés il existe un certificat du

texte original de la loi, communiqué par le comte
de Gramedo aux députés du royaume réunis en
Cortès, et que cette phrase ne s'y trouve pas non
plus. Voilà donc une autre présomption comme
toutes les autres de ce monsieur, si prompt à faire
des présomptions.

Il n'y a donc pas eu aucune suppression. Pour
ce cas, que l'auteur avait prévu, il s'est prémuni
d'un argument qui serait parfaitement concluant
si toutes les propositions n'étaient pas complètement fausses. Dans la lettre aux municipalités, dit-il, Philippe V marquait expressément
cette condition. Les pouvoirs accordés par les cités et les villes aux députés n'ont pu être donnés
que pour approuver la loi contenant cette condition ; donc la loi est nulle, puisque les députés
ont dépassé leur mandat. En premier lieu, on
n'a pas prouvé si la lettre de Philippe V exprime ou non cette condition. Les copies qu'on a
publiées ne se trouvent pas conformes les unes
avec les autres, et le même auteur nous fournit
une preuve de ce défaut de conformité. Les termes de la condition tels qu'ils se trouvent dans
son texte sont différents de ceux que contient la
lettre qu'il insère dans son appendice. Mais quand
même la condition serait exprimée dans la lettre
telle qu'il la suppose, qu'est-ce que cela signifie-
rait ? Que le roi et les Cortès l'avaient suppri-
mée. Mais alors les députés, dit-il, ont dépassé
leur mandat. Rien du tout. Quelle idée a-t-il

des anciennes Cortès? Pense-t-il que les pouvoirs qu'on accordait aux députés étaient si li-
mités, si restreints, qu'ils ne leur permettaient
que de dire simplement *oui* ou *non*, sans rien altérer, sans rien modifier, surtout dans les points
qui n'étaient pas essentiels ? Alors il n'y aurait
pas lieu, du côté des députés, ni à l'examen, ni à
la discussion. Mais, une fois encore, la loi a été établie sans cette condition, les cités et les villes l'ont
reçue sans cette condition, et elles ont approuvé
la conduite de leurs délégués. Il n'y a plus rien
à dire.

Après avoir prouvé la validité et la parfaite
légalité de la loi fondamentale de succession établie par Philippe V, sous le rapport de la forme
dont on procéda à son établissement, arrêtons-
nous un moment à examiner la justice intrinsèque
de la conduite de ce grand roi, si blâmé, si mal-
traité, si calomnié par les libéraux, quand il se
proposa de doter son royaume d'une loi fondamentale de succession héréditaire.

Il a violé, dit-on, les « anciennes lois » du
royaume. Ces mots « anciennes lois » sont bien
étranges. On nous parle des anciennes lois, et on
ne nous en cite qu'une seule, et une loi qui, comme je viens de le prouver, n'est pas une loi, parce
que jamais elle n'a eu de force légale, parce que
jamais elle n'a été reconnue ni acceptée, parce
que jamais elle n'a été appliquée dans aucun des
cas où elle aurait pu trouver son application;

d'une loi tellement discréditée par le Code même dont elle fait partie, qu'il nous offre l'absurde,
l'incompréhensible contradiction de déclarer les
femmes incapables pour tout, excepté d'hériter de
la couronne ; d'une loi enfin dont l'authenticité est
très douteuse, parce qu'on ignore encore, comme
je le montrerai plus tard, si elle a été écrite par
son auteur telle que nous la croyons publiée.
Voilà à quoi se réduisent ces anciennes lois du
royaume. Charles II, ajoute-t-on, a reconnu et
l'existence et la vigueur de ces lois, puisqu'il a déclaré dans son testament que « le droit à la suc-
« cession subsiste chez le parent le plus rappro-
« ché, conformément aux lois de ce royaume. »
Sans doute Charles II devait être très fort en histoire et en droit ; cependant personne ne peut nous
dire quelles étaient ces lois auxquelles se référait
ce bon roi. Mais venez ici, ignorants ou perfides
libéraux. Votre grand Marina, votre célèbre Marina, votre complice Marina, votre patriarche
Marina ne vous a-t-il pas dit, et dans les temps du
libéralisme, qu'« à la mort de Charles II, la loi de
« succession était obscure ? » Et notre grand historien Mariana, qui devait se connaître dans cette
question aussi bien que Marina et un peu mieux
que Charles II, n'avait-il pas dit, près de trois
siècles auparavant, quand le droit et les lois
étaient tout-à-fait les mêmes qu'à la mort de
Charles II, que, de son temps, il n'existait ni loi
ni tradition uniforme sur l'ordre de succession à

la couronne, mais qu'en théorie on invoquait les opinions contradictoires des jurisconsultes, et en pratique la pointe des lances ? Où sont donc ces anciennes lois ?

Philippe V se trouva, en conséquence, à la tête d'un royaume où il n'existait ni loi ni droit fixe sur l'ordre de succession à la couronne. Il savait que les droits des agnats mâles des lignes trans-versales, par préférence à ceux des femmes de la ligne directe, avaient été toujours reconnus et avaient prévalu d'une manière ou d'une autre ; mais l'histoire lui avait appris que cela ne s'était jamais accompli sans que la paix du royaume ne fût troublée par des guerres sanglantes et désas-treuses, et lui-même venait d'être le témoin et le héros d'un de ces terribles drames.

Il était, en outre, le fondateur d'une nouvelle dynastie. N'était-ce pas le moment d'établir entre le roi et le peuple le pacte, la loi fondamentale qui évitât pour toujours à la nation le retour des maux passés, de ces dissensions intestines. de ces scènes de sang et de désolation ? Que fit-il ? Il proposa tout simplement à la nation de donner une sanction solennelle et définitive à l'ancienne coutume, à ce qui, réellement, avait toujours été son droit. Y avait-il rien de plus sage, rien de plus prudent, rien de plus patriotique ?

Il aurait dû ne pas oublier, s'écrient les libé-raux, que sans une Isabelle-la-Catholique les royaumes de Castille et d'Aragon ne se seraient pas réunis ; que l'Espagne ne serait pas devenue une grande nation. Il ne l'avait pas oublié, et c'était ce même fait qui lui fournissait une des plus fortes raisons pour l'établissement de la loi de succession agnatique. Né Français, il n'ignorait pas que la loi salique n'avait pas été un obstacle insurmontable pour que toute la France se trouvât réunie sous un seul sceptre ; et il comprenait en même temps que, de la même manière que l'Aragon fut absorbé par la Castille parce qu'elle était la plus forte, il pourrait, dans l'avenir, se présenter le cas où une femme faisant passer la couronne sur la tête d'un souverain d'une autre nation plus forte et plus puissante que l'Espagne, celle-ci serait absorbée et perdrait pour toujours son indépendance. Voilà pourquoi l'avis des hommes sages et politiques se trouvait en parfaite conformité avec le sien.

On ne sera pas étonné, après tout ce que j'ai exposé dans ces chapitres, que tous les historiens et tous les jurisconsultes qui se sont occupés de la loi de Philippe V, avant et après l'indigne tentative de sa dérogation en 1789, condamnent tout ce que dit M. de Montoliu par rapport à son utilité et à sa justice, et qu'ils démentent d'une manière très formelle tout ce qu'il invente par rapport à la validité et à la légalité de la forme dont elle a été établie. Je pense qu'il sera agréable à mes lecteurs que je présente sous leurs yeux le témoignage des plus renommés de ces écrivains.

Le marquis de San Felipe, contemporain de Philippe V, dit que « la loi de succession de la « monarchie fut établie avec le consentement de « toutes les villes en Cortès et du corps de la « Noblesse et du Clergé. » Notre pauvre éminent jurisconsulte ignore combien de députés auraient concouru à la formation de la loi, et un auteur contemporain et très connu, et qu'il prétend avoir lu, lui dit expressément : « Tous. »

Campomanes, le fameux Campomanes, le même gouverneur du conseil de Castille qui présenta aux Cortès de 1789 la proposition pour la dérogation à la loi de succession, écrivait quelque temps avant, dans la note 144 du discours premier de l'appendice de son *Traité sur l'Education populaire*, les mots suivants : « Il faut rendre cette justice aux « rois de la maison de Bourbon qu'en moins d'un « siècle ils ont mis en ordre *les choses essentielles*.» Je pense que dans les choses essentielles il compte la succession à la couronne ; sinon, je ne sais ce qui pouvait se trouver de plus essentiel.

Le P. Cabrera, grand défenseur des droits des femmes, dit : « Avec plus de modération, et ayant « à étouffer mille tendresses dans son cœur ma- « gnanime, notre roi et seigneur Philippe V régla « par une nouvelle loi, *et avec l'approbation des* « *villes du royaume*, la succession aux couronnes « de ces royaumes, spécifiant les cas et les épo- « ques dans lesquelles les femmes doivent succéder « dans ces royaumes. »

Un de nos plus illustres jurisconsultes du siècle passé, Don Juan Francisco de Castro, dans ses Discours sur les lois, s'exprime de cette manière : « Aujourd'hui, par la loi *solennellement établie* par « le seigneur Don Philippe V, de glorieuse mé- « moire, l'ordre de la succession royale se trouve « changé *avec grande utilité du royaume* et devient « de rigoureuse agnation. » On sait ce que ces mots « solennellement établie » signifient sous la plume d'un jurisconsulte, c'est-à-dire établie d'une manière parfaitement valide et légale.

Un autre jurisconsulte de la même époque, D. Pedro-José Perez-Valiente, qui fut précisément un des conseillers de Castille qui composaient aux Cortès de 1789 la junte d'assistants nommés par le roi, dans son ouvrage intitulé *Aparato del derecho público español*, appelle la loi de Phi- lippe V « loi fondamentale, loi utile, loi convenable « à la cause publique. » Son collègue Acedo Rico, aussi assistant auxdites Cortès, se trouve parfai- tement d'accord avec lui dans ses *Institutions pratiques des procès civils.*

Voyons maintenant ce que dit un jurisconsulte presque contemporain des fameux farceurs de 1789, Don Ramon de Dou et Bassols, qui fut prési- dent des Cortès de 1810.

« Par le seigneur Don Philippe V, dit-il, dans « ses *Institutions du droit public général d'Espa- « gne,* ayant précédé rapport des deux conseils « d'Etat et de Castille, et pétition des députés des

« cités et des villes, qui ont droit de vote aux
« Cortès de tout le royaume, avec pouvoir spécial
« qui leur fut donné pour traiter et délibérer, sur
« la question de la succession des femmes, ce
« qu'ils jugeraient plus convenable à la cause
« publique, il fut ordonné que l'ordre de succes-
« sion à la couronne serait par rigoureuse agna-
« tion... Ainsi resta décidée une des questions des
« plus difficiles et discutées dans tous les tribu-
« naux, la sentence qui était déjà la plus commune
« étant acceptée. »

Enfin Sempere, qui écrivait de 1820 à 1823, dans
son *Histoire du droit espagnol*, explique de cette
manière l'établissement de la loi de Philippe V :
« Une fois la renonciation faite, le conseil d'Etat
« représenta au roi les grands avantages et l'u-
« tilité que rapporterait à cette monarchie une
« nouvelle loi sur la succession à la couronne par
« rigoureuse agnation. Cette représentation fut
« envoyée au conseil de Castille, appuyée par le
« vote unanime de tous ses membres et vue par
« les Cortès; celles-ci demandèrent qu'elle fût
« sanctionnée comme loi fondamentale, et de cette
« manière la maison d'Autriche fut privée pour
« toujours du droit de succession, celui de la
« dynastie des Bourbons restant beaucoup mieux
« affermi. »

Il est donc hors de doute qu'exception faite des
deux seuls cas sans aucune importance dont je
m'occuperai plus tard, personne n'a jamais osé,

7

jusqu'en 1830, mettre en doute la légalité du nouveau réglement de Philippe sur la succession à la couronne ; mais que tous les historiens et tous les jurisconsultes antérieurs et postérieurs à la comédie de 1789 se trouvent parfaitement d'accord pour reconnaître sa justice, son utilité, sa validité et sa légalité, tant dans le fond que dans la forme. Les mêmes Cortès de 1789 ont reconnu explicitement cette validité et cette légalité. Qu'est-ce qu'on leur a fait demander ? La dérogation de la loi. Eh bien ! déroge-t-on à ce qui est nul ? on en déclare simplement la nullité.

Mais ce ne sont pas seulement les historiens et les jurisconsultes espagnols qui ont reconnu la validité et la légalité du nouveau règlement, mais les puissances européennes, et surtout celles qui, d'une manière ou d'autre, se trouvaient intéressés dans l'affaire. Eh quoi ! l'Autriche, dont la maison restait pour toujours privée du droit de succession à la couronne d'Espagne ; la Bavière, dont la maison, tout en ayant de meilleurs droits que la maison de Savoie, restait tout de même exclue ; l'Angleterre, intime amie et alliée de l'Autriche, pouvaient-elles être si mal renseignées sur la manière dont les choses se passaient en Espagne ; qu'elles ignorassent les actes d'illégalité commis dans l'établissement de la loi ? Et, si elles les avaient connus, n'auraient-elles pas réclamé ? Eh bien ! loin de faire aucune réclamation, l'Autriche reconnut explicitement et solennelle-

ment la loi de 1713. Par le traité de Vienne du 30
avril 1725, l'Espagne et l'Autriche s'engageaient
mutuellement à défendre, maintenir et garantir,
toutes les fois qu'il serait nécessaire, les nouvelles
lois de succession établies dans les deux monar-
chies.

Les souverains et les princes de la maison
de Bourbon la reconnurent et l'acceptèrent tous
sans exception. Par l'article 6 du traité signé
entre la France et la Savoie, Sa Majesté Très-
Chrétienne consentait à la déclaration faite par
l'Espagne par rapport à la succession à la couronne. La même loi servit de base pour régler
la succession éventuelle des duchés de Parme
et de Toscane, qui devaient revenir à l'infant
Don Carlos, l'agnation rigoureuse ayant été établie pour ladite succession par l'article 1ᵉʳ du
traité de Florence de 1731. Enfin Charles III,
en abdiquant la couronne de Naples en faveur de son troisième fils Ferdinand, établit
pour la succession dans le royaume des Deux-
Siciles la loi espagnole de 1713. Ainsi la loi
de Philippe V devint la loi de la maison de
Bourbon.

Il reste, je pense, parfaitement démontré que
jamais une loi fondamentale n'ait existé qui fût
plus fortement réclamée par les circonstances,
plus conforme aux coutumes traditionnelles, plus
légalement établie, plus unanimement acceptée
par les hommes sages et politiques, et plus géné-

ralement respectée par les nations étrangères que la loi de Philippe V.

Mes lecteurs resteront sans doute étonnés en apprenant tout ce qu'il y a eu de légèreté, de témérité, de fausseté, d'impudence et de perfidie dans ceux qui ont osé mettre leurs mains sacriléges sur ce monument vénérable de nos anciennes institutions.

CHAPITRE III

Tentative de dérogation au nouveau règlement de Philippe V,
en 1789.

Connaissant les idées, la manière de juger et
l'impartialité de M. de Montoliu, je n'ai pas eu
besoin de lire ce qu'il dit sur la farce représentée
en 1789 pour le deviner. Je savais bien que, selon
lui, le roi, les conseillers et les députés de 1789
seraient l'antithèse du roi, des conseillers et des
députés de 1713 ; que Charles IV ne serait pas,
comme Philippe V, un prince sans conscience, un
roi parjure, mais un roi d'une conscience pieuse
et timorée ; que les Campomanes et les Floridablanca, loin d'être, comme ces conseillers d'Etat
et de Castille de 1713, des hommes vendus à l'or
de l'étranger ou les honteux serviteurs d'une
courtisane, seraient des modèles de loyauté,
d'intégrité et d'intelligence; et qu'enfin les dé-

putés de 1789 ne seraient pas les hommes sans
dignité et sans honneur de 1713, mais de fidèles
mandataires qui avaient la conscience de leur
devoir.

Il va sans dire que je ne me suis pas trompé.
M. de Montoliu, qui n'a rien trouvé de bon ni
même d'excusable en 1713, trouve tout bon et parfaitement en règle en 1789 ; et s'il se voit quelquefois forcé d'avouer qu'il y a eu « quelques dé-
« fauts, quelques obscurités et un certain manque
« de franchise, » il pense que cela doit être ex-
cusé comme ne dépendant pas précisément de la
volonté des hommes, mais des principes de l'époque, selon lesquels les rois croyaient pouvoir agir
en vertu de leur pouvoir absolu, et, en conséquence, « ne consultaient les Cortès que pour la
« forme. »

Cependant je n'avais pu jamais m'imaginer
que ce serait M. de Montoliu lui-même qui, sans
s'en douter le moins du monde, et croyant toujours prouver la validité et la légalité de tout ce
qui se fit en 1789, comme en effet il s'efforce d'une
manière désespérée de le démontrer, prouverait
précisément tout le contraire, c'est-à-dire l'illégalité de la proposition présentée aux Cortès et la
nullité de leur pétition, et qu'il le prouverait d'une
manière incontestable.

Les motifs et les sentiments qui, selon l'auteur,
poussèrent Charles IV et Marie-Louise à essayer
le changement de l'ordre de succession à la cou-

ronne, ne feraient pas, s'ils étaient vrais, grand
honneur à la mémoire de ce roi et de son épouse.
Ces motifs et ces sentiments étaient l'affection
particulière qu'ils avaient pour leur fille, l'infante Carlota, l'ambition naturelle qui les portait
à prévenir les effets de la mort des fils qui leur
restaient, la perspective de voir un jour les couronnes d'Espagne et de Portugal réunies sur la
tête d'un petit-fils, l'infante Carlota étant mariée
à l'héritier du roi de Portugal (on dirait, en
lisant cela, que Charles IV et Marie-Louise désiraient la mort de leurs fils), et enfin l'inquiétude
et les scrupules que Charles IV éprouvait par rapport à sa légitimité, à cause de sa naissance à Naples, et qui lui faisaient désirer la disparition
d'une loi qui exigeait, à ce que prétend toujours
M. de Montoliu, que l'héritier du trône fût né en
Espagne. Voilà donc un roi qui, par des motifs purement personnels, sans aucun égard pour les intérêts de la nation, sans même s'en soucier, essaie
de changer la loi sur la succession à la couronne,
loi de sa famille en même temps que loi fondamentale du royaume. Et cependant l'auteur, en
nous racontant tout cela, pense faire l'éloge le plus
complet de Charles IV.

Je vais faire la relation des faits tels que M. de
Montoliu les expose, sans le contredire autrement
que sur les points dans lesquels il se trouve démenti par les documents que les libéraux mêmes
ont publiés comme authentiques. Je prie mes lec-

teurs d'y fixer bien leur attention, et je suis sûr
qu'ils resteront parfaitement convaincus que cette
affaire, à part d'autres scandaleuses illégalités
que je leur ferai remarquer, fut traitée sans aucune connaissance et sans la moindre intervention de l'une des deux parties intéressées, la nation.

Le premier pas n'est qu'une fourberie dont on
ne trouve pas un seul exemple dans notre histoire.

Le 31 mai 1789, les ministres font signer à
Charles IV sa lettre aux municipalités, convo-
quant les Cortès pour prêter serment à son fils, le
prince héritier Don Ferdinand. Dans la dite lettre
se trouvent ces mots : « Les dits députés seront
« munis et investis par vous de vos pouvoirs, am-
« ples et suffisants à cet effet, et pour traiter, dis-
« cuter, faire octroyer et conclure par les Cortès
« d'autres affaires qui seraient proposées et qu'il
« paraîtrait convenable de régler et expédier pour
« les fins spécifiées. » Qu'on me dise maintenant
si les cités et les villes auxquelles cette lettre
était adressée pouvaient comprendre qu'il ne
s'agissait de rien moins que de changer la loi de
succession à la couronne. L'auteur dit qu'il nous
est bien permis d'inférer que par ces mots « d'autres affaires », on entendait parler du rétablisse-
ment de ce qu'il appelle l'antique loi sur la succession au trône. Il lui est permis d'inférer tout
ce qu'il voudra ; mais les personnes de bon sens
jugeront, tout au contraire, que, loin de parler de

cela, on s'est proposé expressément de ne parler de rien, de cacher tout, et pour cela d'employer un langage tel que personne n'en puisse rien inférer.

Le même M. de Montoliu indique que le langage était obscur ; mais il veut expliquer cette confusion comme n'étant que le résultat de simples fautes grammaticales. Ces mots « d'autres affaires », dit-il, se trouvent mal placés ; on aurait dû les intercaler à une autre place. Où veut-il les placer ? Mais qu'il les place où il voudra, la confusion restera toujours la même ; jamais, du temps où la lettre a été écrite, personne n'aurait pu inférer nullement qu'on se proposait de changer la loi de succession, ni de traiter d'autres affaires que des affaires ordinaires et d'intérêt général, pour lesquelles il suffisait aux députés d'un pouvoir ample et général sans qu'il leur fallût un pouvoir spécial. M. de Montoliu pense-t-il que Floridablanca, qui était sans doute l'auteur de la lettre, ne connaissait pas sa langue ? Ce n'était pas certainement son défaut. Non ; si on a employé des termes confus, si on n'a pas parlé clairement, c'est parce qu'on ne voulait pas que le projet fût deviné, c'est parce qu'on tentait de tromper la nation.

Le scandale se présente si clair aux yeux de tous, que M. de Montoliu lui-même se trouve entraîné, par la force de la raison, à de terribles aveux. « Charles IV, dit-il, a employé à dessein « une formule différente de celle qui était usitée

« en pareil cas. » Il veut dire, par ces mots, que Charles IV, ne voulant pas, d'un côté, découvrir son projet, et prévoyant, de l'autre, le cas où les Cortès, n'étant convoquées que pour prêter serment au prince des Asturies, refuseraient de traiter l'affaire de la loi de succession faute de pouvoirs à cet effet, employa une formule inusitée et obscure afin d'éviter tout embarras. Il a bien raison de dire que la formule était « inusitée », puisque, jusqu'alors, jamais les Cortès n'avaient été convoquées une seule fois sans que la nation fût parfaitement renseignée sur l'objet de leur convocation.

Il avoue qu'il y eut des défauts, des obscurités, et une autre chose qu'il ne craint pas d'appeler de son vrai nom : il l'appelle « manque de franchise » ; mais tout cela, dit-il, tient au système politique alors pratiqué en Espagne. Non, la tromperie et le dol ne tiennent à aucun système politique. Si Charles IV, en abusant de son pouvoir, avait promulgué la loi de sa seule autorité, nous dirions qu'il avait exécuté ou que ses conseillers et ministres lui avaient fait exécuter l'acte le plus arbitraire et le plus despotique du monde ; mais nous ne pourrions pas dire qu'on avait voulu tromper la nation. Mais convoquer les Cortès, et employer « à dessein » une formule inusitée et confuse pour ne pas laisser entrevoir l'objet de leur convocation, voilà qui est fourbe et perfide autant qu'on peut l'imaginer.

Outre cela, tout absolu que fût le pouvoir de
Charles IV, celui-ci ne pouvait jamais déroger
aux éternels principes qui constituent la base
des sociétés civiles. M. de Montoliu nous a rappelé
ces mots du Père Mariana : « Quant aux lois qui
« déterminent la succession, il n'appartient à per-
« sonne de les modifier ou de les remplacer sans
« la volonté du peuple, qui y est intéressé. » Eh
bien ! Mariana écrivait dans le siècle de l'*obscu-
rantisme*, pendant le règne de ce roi, de ce Philippe II, que les libéraux nous présentent comme
le prototype de l'absolutisme et du despotisme. Le
principe qu'il proclame a été unanimement reconnu et proclamé par tous les jurisconsultes, par
tous les philosophes et par tous les théologiens
catholiques. Il ne se trouve écrit dans aucune des
anciennes lois et constitutions, parce qu'il n'appartient pas au droit constitué ; il est d'un ordre
supérieur, il se trouve au-dessus de toutes les lois
et de toutes les institutions, et il n'y a aucun roi
ni aucune constitution qui puisse y déroger. Cependant il a été violé en 1789.

Les députés se trouvant réunis à Madrid, munis
des pouvoirs généraux indiqués dans la lettre de
convocation, furent présentés au roi le 19 septembre. Charles IV leur adressa un discours, qu'on
n'a pas voulu insérer dans l'*attestat* des actes des
dites Cortès, qui fut expédié sur l'ordre de Ferdinand VII par son ministre de grâce et de justice,
Fernandez del Pino, et publié à la *Gaceta de Ma-*

drid en 1833. Cependant, d'après le même certificat, le roi n'adressa la parole aux députés que pour leur dire que l'objet de la convocation des Cortès se bornait « à prêter serment et rendre « hommage au sérénissime seigneur prince des « Asturies, et pour traiter et conclure par les Cor- « tès d'autres affaires qu'il leur ferait connaître « par le gouverneur du conseil. » Ces mots sont tirés textuellement du compte-rendu. Le roi s'étant retiré, le gouverneur du conseil de Castille dit aux députés : « Chevaliers, le roi veut que les « Cortès restent ouvertes pour qu'il s'y traite « d'une pragmatique sur la loi sur les successions « et sur d'autres points. » C'est aussi le même certificat de Fernandez del Pino qui nous apprend cela.

J'appelle l'attention de mes lecteurs sur ces mots « la loi sur les successions ». Pouvait-on penser qu'on y faisait allusion à la loi sur la succession à la couronne ? Le substantif « successions » se trouvant au pluriel, n'était-il pas plus juste de penser qu'on voulait l'appliquer en général aux successions particulières ? Le bon sens le dit ; mais il y a encore une très forte raison pour qu'on ne dût pas le comprendre autrement. Les Cortès, trouvant la législation espagnole relative aux successions défectueuse, embrouillée, et donnant occasion à des litiges et à des procès innombrables, avaient, à diverses reprises, demandé qu'elle fût réformée. Nous avons encore une preuve complète du but qu'on se proposait lorsqu'on employa le mot « successions. »

Campomanes n'a pas voulu que le secret de tout ce que sa haute position lui permit de connaître de cette intrigue de 1789 restât enseveli dans sa tombe ; mais il a voulu sans doute apprendre à la postérité que s'il y prit quelque part, ce ne fut qu'en obéissant aux ordres du roi, que lui communiquait le comte de Floridablanca, véritable auteur et directeur de toute cette farce. Son arrière-petit-fils, le comte actuel de Campomanes, mon illustre ami, garde dans les archives de sa maison des lettres et des notes, très intéressantes et très curieuses, relatives à cette affaire, dont M. de Montoliu devait connaître quelques-unes, qui ont été déjà publiées et que je vais reproduire.

A une lettre du comte de Floridablanca, par laquelle celui-ci accompagnait la minute, approuvée par Charles IV, de la pétition que les Cortès devraient faire au roi, et dans laquelle Floridablanca parlait de quelques rumeurs qu'il disait s'être répandues par rapport à l'affaire, indiquant, pour ainsi dire, qu'il y avait eu quelque indiscrétion de la part de quelqu'un, le comte de Campomanes, pour lui faire voir que, de son côté, la réserve n'avait pas pu être plus parfaite, lui répondit :

« Ami et monsieur,

« En réponse à votre lettre confidentielle et à la

« minute qu'elle accompagne sur la pétition que
« le royaume devra faire à Sa Majesté, je dois
« dire que j'en ferai l'usage spécial qui est de
« droit après que les Cortès se trouveront réunies
« dans le lieu que le roi daignera signaler.

« De mon côté, j'ai gardé la plus parfaite ré-
« serve par rapport à la partie spéciale de l'af-
« faire.

« Dans la proposition générale que je fis hier
« aux Cortès, j'ai dit qu'on traiterait de quelque
« pragmatique sur les « successions » et d'autres
« points, sans la borner à ce cas.

« En cela, on a procédé avec formalité pour
« l'avenir; et bien que chacun fasse l'interpré-
« tation qu'il voudra, la matière de la pétition
« reste toujours dans la même réserve, parce
« que l'incompatibilité de certains majorats et
« d'autres dispositions comprises dans les décrets
« royaux communiqués il y a peu de temps au
« conseil sont des affaires de succession. Ainsi
« la proposition a été générique et à propos pour
« que jamais, dans l'avenir, elle ne puisse être
« blâmée comme incomplète. »

Voilà donc démontré, d'une manière on ne peut
plus authentique, que Campomanes, pour ne pas
manquer à la parfaite réserve qui lui était ordonnée, employa à dessein des mots génériques, avec
le dessein déterminé de faire croire qu'il ne s'agissait que des successions particulières, et qu'on

ne comprît pas que l'objet de la pragmatique dont il parlait était la succession à la couronne.

Il faut, avant de passer outre, s'arrêter sur ces deux points. Le roi se présente aux députés, leur adresse la parole, et ne leur dit pas un seul mot des affaires qu'ils ont à traiter. Comprendrait-on qu'un monarque qui veut changer la loi de succession à la couronne, c'est-à-dire réformer dans une de ses bases les plus essentielles le pacte existant entre lui et son peuple, ne donne même pas aux représentants de ce peuple la satisfaction de les informer lui-même de ses intentions ni des motifs ou des raisons qui l'engageaient à prendre une résolution aussi grave et aussi extraordinaire ? N'est-ce pas là, plutôt qu'un certain manque de franchise, comme M. de Montoliu le dit, une fourbe et ignoble réserve ?

En second lieu, le roi annonce qu'il fera connaître aux Cortès, par le gouverneur du conseil de Castille, les affaires dont elles devront s'occuper ; et, en effet, ce n'est qu'« après que le roi s'est retiré » que M. de Campomanes fait aux députés l'indication équivoque mentionnée ci-dessus. Cette circonstance se trouve exprimée avec ces mêmes mots « après que le roi se fut retiré » dans les actes, d'après l'attestat de Fernandez del Pino.

Le roi donc n'assista aux Cortès que pour la cérémonie du serment. On manqua donc à la coutume constamment observée en Espagne, où les

Cortès ne s'étaient jamais réunies que sous la pré-
sidence du roi. Et cette coutume s'explique parfaitement, et même il est très facile à comprendre
que toute autre pratique aurait été illégale. Les
rois, dans l'ancienne monarchie, n'avaient pas des
ministres responsables; ils régnaient et ils gouver-
naient; les ministres n'étaient que purement et
simplement leurs secrétaires. Les Cortès, donc,
n'avaient rien à faire avec les secrétaires du roi,
mais avec le roi lui-même. Et surtout dans ce
temps où, comme je dis, il n'y avait ni des ministres ni des ministères responsables, où le gouvernement était le roi, et où il n'y avait par
conséquent que le roi et la nation, comprend-on
qu'un pacte soit conclu en absence d'une des parties intéressées?

On pourrait pardonner à M. de Montoliu d'avoir
caché toutes ces circonstances, — le silence gardé
par le roi, son manque d'assistance aux Cortès, et
le langage équivoque employé par le gouverneur
du conseil — parce qu'enfin on peut être quelquefois excusable de cacher la vérité; mais ce qui
n'est permis en aucun cas, c'est de manquer à la
vérité comme il le fait. Pour faire croire que les
députés avaient eu le temps nécessaire pour médi-
ter sur l'affaire et en faire une étude aussi sérieuse
et profonde qu'ils devaient la faire pour voter en
conscience, il dit expressément que la proposition
pour l'établissement de la loi successionale de
Partida fut lue aux Cortès par Campomanes le

23 septembre, « immédiatement » après le serment prêté au prince des Asturies.

Les actes et le certificat de Fernandez del Pino constatent qu'elle ne fut lue que le 30 septembre. Voici ce qu'elles nous disent : « Cet acte termi- « né... »

Mais, avant de continuer, je crois qu'il est nécessaire de faire connaître à mes lecteurs l'acte auquel on fait allusion dans ces mots. Cet acte, dont M. de Montoliu rend compte sans mon- trer le moindre étonnement, ne fut qu'une toute petite chose, ne fut que ce serment qu'on força les députés à prêter : « Nous jurons devant Dieu, sur « la croix et sur les saints Evangiles, de garder « un secret inviolable sur tout ce qui sera traité « dans les Cortès relativement au service de Dieu, « de Sa Majesté et du bien public de ces royau- « mes ; nous jurons de n'en donner connaissance « ni aux villes qui ont voix aux cortès, ni à per- « sonne, à qui que ce soit, oralement ou par écrit, « ni par nous-même ni par un tiers, à moins que « Sa Majesté ne nous y autorise. » Qu'aurait dit M. de Montoliu si on avait arraché un tel serment aux députés de 1713 ? aurait-il trouvé, dans tous les dictionnaires, des mots assez forts et assez durs pour blâmer et l'infâme audace de celui qui l'exi- geait et la basse indignité de ceux qui consen- taient à le prêter ? Cependant, non-seulement il n'ose pas l'excuser ni répondre aux arguments qui se déduisent d'un acte si scandaleux, mais il

8

n'a pas non plus un seul mot pour indiquer au moins qu'il le désapprouve.

Qu'ont-ils fait de leur dignité, dis-je à présent à mon tour, qu'ont-ils fait de leur honneur, qu'ont-ils fait de leur conscience, ces députés qui s'engagent par un serment solennel à ne pas rendre compte de leurs actes aux villes et communes dont ils sont les mandataires ; à ne pas même leur révéler les affaires qu'ils ont traitées ; enfin à ne pas donner la moindre connaissance de leur conduite et de la manière dont ils se sont acquittés de leur mandat à ceux qui avaient déposé en eux leur confiance, qui leur avaient abandonné la défense de leurs intérêts, qui les avaient investis et honorés de leurs pouvoirs ? Voilà la bonne manière de faire concourir la nation à la formation d'une loi : n'avoir pas la moindre présomption qu'il s'agit d'établir une telle loi, parce qu'à dessein, dans la lettre de convocation aux Cortès, on lui cache ce qu'on veut faire ; rester dans la même ignorance après la réunion des Cortès, parce que ses délégués se sont engagés, par un serment solennel, à ne lui en donner aucune connaissance.

Voilà donc prouvé ce que j'ai dit plus haut, qu'on avait traité de l'affaire de la succession en l'absence de la nation. Et la loi de succession à la couronne n'est-elle pas une partie essentielle du pacte existant entre le roi et la nation ? Et l'annulation ou modification d'un pacte fait en l'absence et même sans la moindre connaissance d'une des parties intéressées, est-elle valide et légale ?

Cette seule réflexion suffirait sans doute à prouver la nullité de tout ce qui se fit par les Cortès ou dans les Cortès de 1789 ; mais je ne veux pas laisser l'histoire dans son commencement, il faut la continuer jusqu'à la fin.

« Cet acte terminé (ce sont les actes mêmes qui parlent), « Sa Seigneurie illustrissime (le président Campomanes) « fit la proposition et la pétition « desquelles il fut donné lecture par moi Don Pe- « dro Escolano (le greffier des Cortès), et lesquelles « sont comme il suit... »

Analysons maintenant cette proposition, qui n'est qu'un tissu de mensonges ; examinons une par une chacune des affirmations qu'elle contient ; et il restera pleinement prouvé que son auteur, Floridablanca, n'a pas cessé de mentir du commencement jusqu'à la fin.

Il ment quand il dit « qu'en dépit de tous les « projets et mesures contraires à l'ordre régulier « de succession, celui-ci a prévalu dans tous les « temps, » parce qu'il n'a pas prévalu quand Alphonse VI, père de Doña Urraca, voulut désigner comme héritier de son royaume son frère Garcia, de préférence à sa fille, ni quand les Castillans forcèrent cette princesse d'abandonner la couronne à son fils ; il ne prévalut pas quand, après la mort de Don Enrique Ier, saint Ferdinand fut proclamé roi, et non sa mère Doña Berenguela,

en sa qualité de plus proche agnat du feu roi (et
une preuve que ce fut par cette circonstance, et
non comme fils de Doña Berenguela, qu'il fut proclamé, c'est que si la loi ou la coutume avaient
admis les femmes de la ligne directe par préférence aux mâles des autres lignes, l'héritière n'aurait pas été peut-être Doña Berenguela, mais sa
sœur Doña Blanca, qui, selon plusieurs historiens,
était l'aînée) ; il ne prévalut pas quand Sancho Ier
et son fils, Ramire III, succédèrent à la couronne,
l'un après l'autre, de préférence à Don Bermudo,
fils d'Ordoño III, antécesseur immédiat et frère de
Sancho Ier ; il ne prévalut pas quand le fils puîné
de ce même Alphonse X, auteur de *las Partidas*,
monta sur le trône, au mépris des enfants de
l'aîné ; il ne prévalut pas quand Don Enrique II
occupa le trône de préférence aux filles de son
frère Don Pedro Ier ; il ne prévalut pas quand Don
Pedro IV, d'Aragon, fut forcé d'abandonner ses
prétentions de faire déclarer ses filles héritières
du royaume, et reconnut le droit de son frère ; il
ne prévalut pas quand le roi Don Martin, d'Ara-
gon, succéda à son frère Don Juan Ier (*el Casador*),
de préférence à la fille de celui-ci ; il ne prévalut
pas quand Don Enrique IV reconnut, bon gré mal
gré, son frère, l'Infant Don Alphonse, comme
ayant meilleur droit que sa fille ; et il ne prévalut
pas non plus quand ce même roi fut forcé de consentir à ce que sa sœur, Doña Isabelle, fût déclarée
héritière de préférence à sa fille : c'est-à-dire

qu'il n'avait pas prévalu dans un seul des cas où le dernier roi n'avait laissé que des filles.

Il ment quand il suppose qu'on dut à l'observance de l'ordre régulier la réunion des couronnes de Castille et d'Aragon, puisque, comme je viens de le dire, si l'ordre régulier avait été observé, ce ne serait pas Doña Isabelle mais Doña Juana qui aurait hérité. On le dut seulement à la force du parti qui proclama héritière Doña Isabelle.

Il ment quand il dit que les antiques lois et la coutume suivie en Espagne, de temps immémorial, établissent ce même ordre régulier ordonné dans la loi de *Partida*, premièrement parce que ces antiques lois n'existaient pas, et en second lieu parce que la coutume en vigueur, comme je viens de le démontrer, était précisément la contraire.

Il ment quand il dit que la loi de Philippe V avait exclu les lignes masculines et féminines les plus immédiates, puisque la dite loi appelait l'une après l'autre toutes les lignes des descendants de Philippe V; et les lignes qui furent exclues en 1713 ne le furent pas par la loi, mais par les traités de paix.

Il ment enfin quand il dit que la nation ne fut pas consultée pour l'établissement de la dite loi, ne pouvant pas ignorer, parce que tous les historiens et tous les jurisconsultes le lui faisaient savoir, que jamais une loi n'avait été établie en Espagne avec plus de formalité et de solennité et d'une manière plus valide et légale que celle-là.

Que penserait Campomanes en écoutant la lecture de cette proposition présentée par lui-même, et en entendant dire, au nom du roi, que la nation n'avait pas été consultée en 1713 sur l'établissement de la loi de succession? Que penserait-il, lui qui deux jours avant avait écrit ce qu'on va lire ?

Il existe parmi ses papiers une liasse sur l'enveloppe extérieure de laquelle se trouve écrit : « Points qu'on doit faire présenter à Sa Majesté « aujourd'hui 28 septembre; » et dedans : « Points « qu'il convient de déterminer pour les Cortès. » Ces points sont au nombre de douze. Le cinquième est celui-ci :

« 5m. — Etant très important que ces Cortès « soient légales dans la manière de leur célébra- « tion et avec toute la plénitude de pouvoirs qu'a- « vaient celles de 1713 et les autres antérieures.... « afin de concilier la résolution par laquelle Sa « Majesté a daigné ordonner que la Junte d'Assis- « tants donne un nouveau rapport selon ce qu'il a « été pratiqué en 1720 et en 1760, sans faire au- « cune nouveauté, il faut savoir quelle est la ma- « nière de vaincre cette difficulté.

« Peut-être on pourrait le faire en obtenant des « Cortès pour la députation actuelle les pouvoirs « nécessaires, en attendant que la question prin- « cipale soit décidée, etc., etc. »

Voilà donc reconnue, par Campomanes, la légalité des Cortès de 1713, dans la manière de leur célébration et la plénitude de leurs pouvoirs. Que penserait-il, dis-je encore, en lisant ces mots de la proposition qui disent que la nation n'avait pas été consultée ?

La proposition enveloppait donc une autre nullité, parce qu'elle enfermait le vice d'obreption. Elle enfermait en même temps celui de subreption, parce qu'on avait eu le soin de ne pas rappeler que toutes les fois qu'on avait tenté de faire monter sur le trône une princesse de la ligne droite par préférence à des agnats mâles d'une autre ligne, la nation avait été ensanglantée par des guerres longues et désastreuses.

Les mots qui terminaient la proposition ne sont pas parfaitement identiques à ceux que l'auteur suppose. Ce que Campomanes dit fut : « Le « roi désire que cette matière soit traitée et déci- « dée avec le plus grand secret et sans le moindre « retard, afin de quoi j'ai trouvé convenable de « rédiger et présenter au royaume les termes de « la supplique qu'il pourrait adresser à Sa Majesté « sur cette affaire. »

On le voit bien, on prend toutes les précautions, on ne permet pas même aux Cortès de rédiger elles-mêmes la pétition. Et la discussion ? Si elle se prolonge, il faut renvoyer le vote à une autre séance ; si les députés ont le temps de réfléchir. s'ils disent qu'ils manquent des pouvoirs spéciaux dont ils ont besoin pour traiter cette affaire ; si quelqu'un découvre les fourberies et les mensonges de la proposition et de la pétition ; si les

doutes pénètrent, si les remords de la conscience
commencent à faire hésiter, qu'adviendra-t-il?
Il n'y a rien à craindre ; tout est prévu. Un député
se lève, et parlant au nom des Cortès, sans que
celles-ci lui eussent donné aucune autorisation pour
cela, répond à Campomanes : « Ces chevaliers
« éprouvent la plus grande satisfaction de la mis-
« sion si grave et si importante dont Sa Majesté
« a daigné les charger, et ils espèrent s'en ac-
« quitter. V. I. (Votre Seigneurie Très Illustre
« ou Illustrissime, *Usia Ilustrisima*) se trouvant
« présidant ces Cortès, et ces messieurs assis-
« tants, avec ce concours ils se promettent une
« bonne réussite et adresse dans ce qu'ils auront
« à examiner, et on commencera à traiter et à
« voter quand V. I. le trouvera opportun. » Cependant on ne traita rien ; ce sont les mêmes actes
qui nous le disent. « S. I., ayant remarqué que
« tous les chevaliers procureurs montraient le
« désir d'obéir et de faire plaisir à S. M., S. I.
« manifesta qu'il serait agréable au roi que cette
« affaire se terminât avec toute célérité et qu'on
« pourrait procéder au vote. » Tout donc s'est réduit à la lecture de la proposition et de la pétition
et au vote. Où est, demanderai-je à présent à
mon tour à M. de Montoliu, où est l'examen, où
sont les observations, où est la délibération ? Et je
lui demande encore : Où sont les pouvoirs dont les
députés devaient être munis pour traiter de cette
affaire? Ignore-t-il que les pouvoirs accordés aux

députés de 1789, par la même raison qu'ils étaient des plus généraux qu'on connût, étaient de tout point insuffisants pour ce cas-là ? Ignore-t-il que, pour traiter d'une loi fondamentale du royaume, il est absolument indispensable que les députés soient investis de pouvoirs spéciaux pour délibérer sur elle et pour la voter ? Quoi ! les Cortès de 1425 durent être suspendues pour demander aux villes d'envoyer des pouvoirs spéciaux à leurs députés pour prêter serment au prince héritier, parce qu'on jugea que les pouvoirs généraux dont ils étaient investis n'étaient pas suffisants à cet effet; et des pouvoirs spéciaux n'auraient pas été nécessaires pour une affaire bien plus importante que celle de prêter serment, comme héritier du royaume, à un prince sur le droit duquel il n'y avait pas lieu à aucun doute, puisqu'il était le fils aîné du roi ? Comment ces députés ont-ils pu s'informer des désirs, de l'opinion de leurs commettants sur une loi dont ils n'avaient ni ne devaient avoir la moindre connaissance, la plus légère idée ?

Certes, on ne dira pas que ces députés de 1789 aient été difficiles. Je n'invente rien ; je ne fais que rapporter ce que disent ces actes, dont l'attestat, rédigé et expédié par le ministre de grâce et de justice Fernandez del Pino comme notaire majeur du royaume, fut publié par ordre de Ferdinand VII ou bien de Doña Marie-Christine, qui gouvernait en son nom, dans la *Gazette officielle* de Madrid.

La séance des Cortès du 30 septembre 1789 fut

ouverte à huit heures du matin. Les députés en-
trent dans le salon du Buen-Retiro, où la séance
se tenait, dans la plus parfaite ignorance de ce
qui devait s'y traiter. On commence par leur
faire prêter le serment de garder le secret. Chacun dut passer par devant la table où se trouvait
le livre des saints Evangiles et mettre la main
sur le livre. Cette cérémonie réclamait quelque
temps, d'autant plus qu'il y eut la dispute d'usage
entre les députés de Burgos et ceux de Tolède,
la protestation et la demande du certificat relatif
à cette affaire. Vinrent ensuite la lecture, ordonnée
par le président, de la proposition et de la pétition, le dialogue entre le président et un député
que je viens de transcrire, et le vote de la pétition. Ensuite celle-ci fut copiée et signée par tous
les députés. Cela ne put se faire non plus dans un
quart d'heure. Cette affaire terminée, et le président ayant demandé si on devait ou non supprimer
la commission appelée *de millions*, et ayant parlé
de la question de l'incompatibilité de certains
majorats, des conditions de ceux qui seraient nouvellement créés, de la faculté de fermer les terrains,
et d'autres affaires qui devaient servir de matière
aux séances prochaines, celle du 30 septembre
fut terminée parce qu'il était déjà tard. Et cependant, à quelle heure mes lecteurs pensent-ils que
la séance fût levée ? Il n'était pas encore midi. Ce
sont les actes qui le disent. « Dans cet état, étant
« déjà tard et près de midi, la présente séance et

« réunion des Cortès fut terminée et dissoute,
« messieurs le gouverneur et les assistants étant
« sortis dans la même forme qu'ils étaient en-
« trés. »

Quatre heures seulement ! Nous n'avions donc
pas besoin que les actes nous disent expressément
qu'on n'avait pas discuté, qu'on n'avait pas déli-
béré, qu'on n'avait fait que voter. Ils auraient
bien pu se taire sur ce point-là, et tout le monde
serait parfaitement convaincu de la parfaite obéissance et du vif désir de faire plaisir au roi dont
les chevaliers députés se trouvaient animés. Eh
bien ! cette pétition illégale et indécente, votée et
signée en aveugle par ces députés *concussionnai-
res*, est la seule base des prétendus droits de Doña
Isabelle.

Qu'on ne se scandalise pas de ce mot *concussion-
naires* que je viens d'écrire. Je n'invente pas. Si
quelqu'un veut être assuré de la justice de cette
qualification, il peut consulter la collection du
Mercure, journal qui se publiait à cette époque-là.
Il restera convaincu que si les députés de 1789
n'ont pas lésiné à obéir et faire plaisir à Charles IV,
celui-ci et Floridablanca n'ont pas lésiné non plus,
de leur côté, pour les récompenser largement et
généreusement. Il y trouvera des nouvelles assez
curieuses sur les emplois, bénéfices, pensions, et
autres grâces lucratives accordées à ces obéissants
et complaisants députés.

Mais pour ceux qui ne pourront pas consulter

la dite collection, j'ai encore d'autres preuves non moins authentiques. Ce sont deux lettres du comte de Floridablanca au comte de Campomanes. Voici la première :

« Ami et monsieur,

« Nous sommes d'accord en ce que les députés « viendront au baise-main et en tout le reste. « Mais il faut que vous sachiez que le roi désire « que les Cortès soient dissoutes au plus tôt; « qu'on propose les faveurs à accorder à ces hom- « mes-là, et qu'ils s'en aillent. Croyez que c'est « ce qui convient et même ce qui est néces- « saire. D'un autre côté, on peut suspendre les « autres grâces. Faites-le donc, quand même on « laisserait quelque chose de celles qu'on aurait « à traiter; et ordonnez à votre dévoué ami.

« Moñino. »

« Saint-Laurent, 10 octobre 1789.

Mes lecteurs ne trouveront-ils pas cette lettre curieuse et très intéressante ?

Qu'en pense M. de Montoliu ? Une fois la péti- tion arrachée aux députés, sans examen, sans délibération, sans discussion, il n'y a plus d'em- pressement que pour les contenter et les congé- dier. Il y a d'autres affaires à traiter, mais n'im- porte : qu'on laisse de côté toutes ces affaires, pourvu qu'ils s'en aillent! Qu'ils s'en aillent con- tents, mais qu'ils s'en aillent! Il faut remarquer le

mépris avec lequel Floridablanca parle de ces
députés : «qu'on propose les faveurs à accorder à
« ces hommes-là et qu'ils s'en aillent. » Il ne dit
pas à ces messieurs ni à ces députés, mais « à ces
hommes-là, » et il ne trouve pas un mot plus convenable que celui-ci : « qu'ils s'en aillent! » On voit
bien que ce qu'il voulut dire fut : « qu'on les paie,
« et qu'ils s'en aillent. »

La seconde lettre n'est pas moins intéressante.
Elle dit :

« Ami et monsieur,

« J'ai reçu à Saint-Ildefonse votre lettre confi-
« dentielle du 21, en ayant reçu avant une autre,
« réservée et officielle, relative aux grâces à accor-
« der aux assistants et aux députés. J'ai rendu
« compte de tout à Sa Majesté, et je vous dirai
« en peu de mots la manière de penser de Sa Ma-
« jesté.

« Par rapport aux suppliques ou pétitions, on
« attend que vous disiez la formule sur la manière
« de les résoudre, bien entendu que pour celles
« dont il devra résulter loi, Sa Majesté veut pren-
« dre du temps, afin de les rédiger comme il con-
« viendra, après avoir chargé le conseil de la ma-
« nière de leur rédaction.

. . . .

« Sa Majesté pense donc fermer les Cortès le 5
« novembre au plus tard, et elle passera à Madrid
« à cet effet. Vous agirez en conséquence de ma-

« nière que tout soit terminé. Vous pouvez venir
« ici le 1er du dit novembre, et nous aurons le
« temps pour régler et arranger tout.

« Du reste, par rapport aux grâces, vous pou-
« vez parler de celles qui n'apporteront pas de
« frais au trésor. Quelqu'un des assistants en a
« déjà demandé quelqu'une, et on la lui accor-
« dera. Quant aux députés, il y a plusieurs de-
« mandes, sur lesquelles on n'a pas encore conclu,
« pour se débarrasser de tous et des Cortès avant
« la concession. Les uns demandent des choses ré-
« gulières, et les autres des choses extraordinai-
« res.

« Tout à vous, dévoué ami et serviteur.

« MOÑINO. »

« Saint-Laurent, 26 novembre 1789.

La pétition de 1789 revêt donc tous les vices
dont une pétition de cette nature est suscepti-
ble : défaut de pouvoirs dans les pétitionnaires,
vice d'obreption et subreption dans elle-même et
dans la proposition ; défaut d'examen, défaut de
délibération et crime de concussion pour l'obtenir. Aurait-il compris tout cela, le bon Charles IV ? Serait-ce là la raison qui engagea sa
conscience timorée à refuser sa sanction à une
telle pétition ?

Avant de m'occuper de ce refus, il convient
d'examiner une question sur laquelle M. de Montoliu se trompe, comme toujours, d'une manière

pitoyable. Tandis qu'il prétend que la loi de Philippe V ne fut que l'œuvre de la cour de Versailles, malgré qu'elle fermât pour toujours la porte aux ambitions de la France, dont la maison royale restait exclue par la dite loi de succession à la couronne d'Espagne, il essaie de nous convaincre du caractère éminemment espagnol de la pétition de 1789 en nous la présentant comme opposée aux intérêts de la France. Sans doute, il n'a pas médité beaucoup sur les mots de la proposition. Dans ces mots « par laquelle (la loi de Philippe V) « sont exclues les lignes masculines et « féminines les plus immédiates, » à quelles lignes fait-on allusion ? Avant tout, à celle des frères de Philippe V, puisqu'elles étaient les plus immédiates. Mais ces lignes, dira-t-on, étaient exclues par les traités et par la loi sur la renonciation de Philippe à la couronne de France. Certainement, et c'est ce que je viens de dire; mais cela prouvera l'ignorance de l'auteur de la proposition, et non que ce ne fut pas précisément aux lignes des princes français qu'on faisait allusion : sinon on n'aurait pas dit « les lignes masculines et féminines, » mais « la ligne féminine » seulement, la maison de Bavière étant la seule avec les lignes françaises qui fût exclue par la loi de Philippe V. Il aurait suffi à M. de Montoliu d'un tant soit peu de réflexion pour comprendre tout cela. Je veux cependant ajouter une preuve qui le convaincra que l'intention du comte de Florida-

blanca ne fut que celle de faire plaisir à la France, gouvernée alors par ses amis et confrères.

Dans la même liasse de papiers où se trouvent
ces douze points préparés par Campomanes pour
traiter avec le roi le 28 septembre, il existe une
note dans laquelle il consigne ce qui s'était passé
dans cette entrevue. Il dit, entre autres choses,
que « le comte de Floridablanca , ayant exposé
« ce qui venait d'être voté en France par les
« Etats-généraux, par rapport à la préférence des
« princes de la maison royale d'Espagne sur
« ceux de la maison d'Orléans, fit voir que, par
« la loi projetée , les princes de la maison royale
« de France seraient préférés à la maison de Sa-
« voie, comme c'est juste et de droit. »

Ce point suffisamment éclairci, continuons la
relation des faits. La pétition des Cortès fut présentée au roi accompagnée d'un rapport de la
junte d'assistants, dont deux, Perez Valiente et
Avedo Rico, avaient dit, l'un dans son *Aparato*
du droit public espagnol, et l'autre dans ses *Institutions pratiques des procès civils*, tout le contraire
précisément de ce que contenaient la proposition
et la pétition. Il va sans dire que, malgré cette
circonstance, le rapport était parfaitement favorable à la pétition.

On voit dans les actes, à côté de chacun de ces
deux documents (le rapport et la pétition), une espèce de note à la marge qu'on veut appeler décret du roi. Celle qui se trouve à côté du rapport

dit : « J'ai pris la résolution qui est de justice par
« rapport à la pétition, en recommandant que le
« plus grand secret soit gardé présentement,
« parce que cela convient à mon service. » Ces
mots sont traduits littéralement du certificat dont
j'ai parlé, expédié par Fernandezdel Pino, Zea-
Bermudez étant premier secrétaire d'Etat, et publié à la *Gazette de Madrid*. M. de Montoliu manque donc indignement à la vérité, et a menti à
l'Espagne et à l'Europe entière, quand il dit dans
l'original espagnol et quand il a permis qu'on
dise dans la traduction française, que les termes
de cette réponse sont les suivants : « J'ai pris la
« résolution conforme à l'adresse ci-jointe, en re-
« commandant que le plus grand secret soit gardé
« provisoirement dans l'intérêt de l'Etat. » Non,
le roi n'a pas dit cela ; il n'a pas dit « conforme, »
il a dit *correspondiente*, qui veut dire en français
« qui est de droit ou qui est de justice. » Il n'a
pas dit non plus *provisionalmente*, provisoirement ; il a dit *por ahora*, présentement. Mais il
faut excuser M. de Montoliu ; ce n'est pas, lui, le
menteur : il est coupable sans doute, mais d'un
autre péché.

Comme le roi n'a pas daigné nous révéler quelle
fut cette résolution qu'il avait trouvée *correspondiente* (comme étant de justice), ni en conséquence
si elle était affirmative ou négative, nous ne pouvons pas deviner, par la dite note, le cas qu'il fit
de la pétition des Cortès.

9

Voyons si la seconde note à la marge, celle qui existe à côté de la pétition, sert à nous éclairer sur ce point-là.

M. de Montoliu nous donne la note suivante : « Ayant pris en considération votre pétition et « les avis recueillis à ce sujet, je vous fais savoir « que je donnerai aux membres de mon conseil « les ordres nécessaires pour promulguer la prag- « matique-sanction qui est de droit et justice en « pareil cas. »

J'ai dit, et je dois le répéter à présent, que le menteur n'est pas M. de Montoliu. Son péché con- siste à s'être trop fié à tout ce que Zea-Bermudez a dit dans son Mémoire. C'est celui-ci qui, pour tromper la cour de Berlin d'une manière bien peu digne d'un homme de sa position, et qui avait été premier secrétaire d'Etat dans son pays, falsi- fia la note. Mais, pour cette fois-ci, il faut dire que M. de Montoliu n'est pas très-excusable. Il savait, puisqu'il le dit, qu'on avait déjà remarqué cette falsification, et que Zea-Bermudez avait été dé- menti. Pourquoi donc n'a-t-il pas pris la peine de contrôler ce qu'il dit avec l'original, c'est-à-dire avec ce certificat expédié, le même Zea-Bermu- dez étant premier secrétaire d'Etat, par son collè- gue le ministre de grâce et justice Fernandez del Pino, notaire majeur des royaumes, et publié à la *Gazette officielle* de Madrid ? Il y aurait vu que les vrais mots de la note ne sont que ceux qui sui- vent : « A cela je vous réponds que *j'ordonnerai*

(FUTUR) « à ceux de mon conseil d'expédier la
« pragmatique-sanction qui est de droit et d'u-
« sage en pareil cas, ayant en vue votre pétition
« et les avis que j'aurai pris (*futur* encore). »
C'est-à-dire que le roi ne prit aucune résolution,
mais qu'il se réservait de prendre quelques avis
avant de résoudre ; et ces avis ne pouvaient pas
avoir d'autre but que celui de savoir si en droit et
en justice il devait se conformer ou non avec la
résolution des Cortès.

Mais l'auteur dit que c'est égal que le roi ait
dit « les avis que j'ai pris ou les avis que j'aurai
« pris, » puisqu'il résulte des actes qu'à la date du
30 octobre, quand on donna aux Cortès lecture de
cette note, les avis étaient déjà pris. Cette réflexion
pourrait avoir quelque apparence de force si
le roi avait dit au singulier *l'avis* et non au pluriel
les avis, puisqu'à ladite date du 30 octobre il
n'avait demandé et en conséquence on ne lui avait
donné qu'un seul avis, celui des prélats, dont je
m'occuperai à l'instant. Encore, s'il y avait quelque doute sur les mots, la réflexion pourrait paraître juste jusqu'à un certain point. Mais les actes
ou le certificat constatant que le roi parle au futur,
et qu'il dit : « les avis que j'aurai pris, » il est
clair jusqu'à l'évidence qu'à la date mentionnée,
le roi se proposait de prendre d'autres avis que le
seul qui jusqu'alors lui eût été donné. Et, en effet,
n'était-ce pas cela ce qui était juste, dû et régulier ? Pouvait-il se contenter seulement de l'avis de

quelques prélats? N'avait-il pas son conseil d'Etat, qui avait été toujours consulté dans les affaires graves du royaume? N'avait-il pas son conseil de Castille, de l'avis duquel on ne s'était passé jamais non plus? N'y avait-il pas dans les tribunaux et les universités d'autres jurisconsultes de science et d'expérience dont il n'était pas inutile de connaître l'opinion? N'y avait-il pas aussi un corps de la noblesse et du clergé qui de droit devait être consulté? Il y avait donc d'autres avis à prendre que celui de ces quelques prélats.

Je vais dire quelque chose sur l'avis de ces quelques prélats, puisqu'on en fait tant de bruit, et puisque M. de Montoliu croit que ledit avis constitue un des plus forts arguments en faveur du prétendu roi Don Alphonse.

Le rapport de ces messieurs paraît plutôt simplement signé que rédigé par eux-mêmes. Jamais on n'aura vu un document relatif à une question si ardue, si grave et si importante, qui soit moins raisonné, plus léger et plus inconsidéré que celui-ci. La légèreté avec laquelle il a été écrit est telle, qu'on y a laissé échapper une sottise que personne n'aurait dite pour peu qu'on eût réfléchi. Zea-Bermudez, mentant comme toujours, n'a pas voulu laisser passer cette sottise ; mais il l'a corrigée, pour ne pas faire rire avec ce rapport la cour de Berlin au lieu de la convaincre. Et M. de Montoliu, qui, comme je l'ai dit maintes fois, n'a fait que copier Zea-Bermudez, nous donne les rapports des quatorze évêques avec la correction faite par ce fameux ex-ministre. Zea-Bermudez et M. de Montoliu prétendent que les évêques ont dit, en parlant de la loi de Philippe V, qu'ils étaient très sûrs que pour l'établissement de ladite loi on n'avait pas demandé l'avis de « leurs prédécesseurs. » Non, ils n'ont pas dit cela, ce qui aurait été un mensonge, mais pas une sottise. S'étaient-ils informés de leurs prédécesseurs? Avaient-ils examiné les archives de leurs évêchés? Ils ne pouvaient pas le faire, se trouvant à Madrid. Avaient-ils donné à d'autres personnes la commission de les examiner? Il leur fallait à la plupart, par le défaut de moyens de communication de ce temps-là, plus de quinze jours pour donner la commission et recevoir la réponse. La pétition des Cortès ne fut faite que le 30 septembre. C'est tout au plus le lendemain qu'on put leur en donner connaissance et leur demander leur avis par rapport à elle. Le rapport est signé le 7 octobre. Comment pouvaient-ils avoir reçu les renseignements nécessaires? Ce qu'ils ont dit, selon l'original, c'est qu'on ne leur avait pas demandé avis à eux-mêmes. Ils ont dit qu'eux, prélats des royaumes, « étaient bien « certains et bien sûrs qu'on n'avait pas demandé « leur avis. » Sans doute il aurait été très facile à Philippe, en 1713, de demander leur avis aux prélats de 1789. Mais vraiment un tel rapport ne méritait pas que je m'en occupasse si longtemps. Quelle importance peut-on accorder à un docu-

ment qui n'est signé que par quatorze évêques
sur plus de soixante qui existaient en Espagne?
On comprend très bien que Charles IV ne restât
pas très satisfait de ce seul avis.

Mais revenons aux notes marginales dont je
parlais. Je voudrais qu'on répondît à ces questions
qu'on a déjà faites sans obtenir de réponse. Ces deux
notes à la marge, ou décrets, comme on se plaît
à les appeler, Charles IV les a-t-il écrites de sa
propre main? Portent-elles au moins sa signature?
Quel est le secrétaire du roi qui les a contre-
signées et autorisées? On voit que les questions
sont graves, et je soupçonne que la réponse doit
être un peu difficile.

De toute manière, il n'en résulte qu'une chose :
que la résolution de droit à laquelle on fait allusion, dans la note qui existe à côté du rapport de la junte d'assistants, est celle de ne rien
résoudre qu'après avoir pris les avis que le roi
trouverait nécessaires et convenables; ce qui veut
dire, en bonne logique, qu'il refuse la pétition des
Cortès.

On n'a pas remarqué jusqu'à présent que Floridablanca a représenté sa farce d'une manière si
ignoble, si sotte, qu'il n'a pas aperçu l'inconséquence horrible dans laquelle il faisait apparaître
le roi et le rôle indécent qu'il faisait jouer aux
Cortès. Quelques-uns ont dit que la réponse de
Charles IV équivaut à une formule courtoise de
repousser la pétition des Cortès. Je ne suis pas du

même avis. Si la pétition avait été faite sur l'initiative des Cortès, on aurait raison ; mais ayant été faite en vertu d'une proposition qui leur fût présentée au nom du roi, je trouve cette formule non-seulement peu courtoise, mais même grossière.

La pétition des Cortès faite en vertu de la proposition présentée au nom du roi porte aussi le caractère d'un avis donné par elles sur la proposition. Donc, leur dire qu'il voulait prendre d'autres avis équivaut à leur dire qu'il ne lui suffisait pas d'avoir le leur. Les Cortès auraient pu très justement se plaindre au roi en lui disant : « Pourquoi Votre Majesté n'avait-elle pas pris ces « avis avant de nous faire présenter sa proposi- « tion ? Est-ce pour nous faire subir l'humiliation, « dans le cas où ces avis ne seraient pas confor- « mes à ce que nous avons voté, de voir rejeter « par Votre Majesté une pétition que nous ne lui « avons adressée que pour obéir et faire plaisir à « Votre Majesté ? » N'était-il pas souverainement ridicule de donner lecture de cette réponse aux Cortès le 30 octobre, un mois après la pétition, et d'avoir laissé s'écouler tout ce temps sans demander d'autres avis que celui d'une toute petite minorité de l'épiscopat de la nation ? Alors, pourquoi un tel empressement ? pourquoi une telle précipitation ? On dit aux députés que le roi veut que « l'affaire se termine avec toute célérité ; » et le roi se montre ensuite si peu empressé ! Il

faut être aveugle ou ne pas vouloir voir pour ne
pas comprendre qu'on n'a inventé cette étrange
réponse que parce qu'on ne savait comment dire
aux Cortès que le roi n'avait pas agréé leur demande.

Et qu'il ne l'ait pas agréée, cela est parfaitement hors de doute. Où est la sanction de la loi ?
où se trouve le décret du roi ordonnant au conseil d'expédier la pragmatique-sanction ? Et si au
moins le roi avait demandé les avis dont on avait
parlé le 30 octobre, on aurait pu penser que quand
même il n'aurait pas trouvé du premier moment
suffisantes, pour prendre une résolution affirmative, les raisons exposées par les Cortès, la pétition
d'elle-même ne lui était pas désagréable, pourvu
qu'elle fût parfaitement justifiée. Mais répondre
aux Cortès : « J'ordonnerai d'expédier la pragma-
« tique-sanction quand j'aurai pris les avis que
« je trouverai nécessaires, » et à la junte d'assistants qui appuyait la pétition : « Je n'ai rien à
« vous dire, j'ai pris la résolution qui est de droit ;
« et que personne ne parle plus de cette affaire, »
et ne rien ordonner, et ne prendre aucun avis, et
sceller et placer dans son cabinet le dossier de
l'affaire, et ne plus s'en occuper pendant près de
dix-neuf ans qu'il a régné depuis, c'est avoir regardé la pétition avec le mépris le plus solennel
du monde. J'ai dit « sceller et placer dans son
« cabinet », parce que M. de Montoliu le dit ; mais
nous verrons cela plus loin.

Mais, « Et le rapport, nous dit-on, donné en 1810 par le Conseil de Castille à la suprème junte centrale? » Il n'est pas exact d'appeler cela un rapport du conseil de Castille. Ce conseil était assez nombreux, et le rapport n'était signé que par douze conseillers. Encore ces douze conseillers n'appartenaient pas tous au dit conseil, mais ils étaient membres de différents conseils. En conséquence, ce document n'a pas le caractère d'un rapport du conseil, mais simplement d'un avis de douze individus respectables. Et ces messieurs ont-ils eu sous leurs yeux les actes des Cortès de 1789 ? Non, ils ne les connaissaient pas ; ils ont dû baser leur rapport sur des déclarations de témoins, déclarations dont les actes mêmes nous ont découvert plus tard la fausseté. Voilà donc à quoi reste réduite toute l'importance de cet argument.

Il y a encore un fait qui, quoi qu'en disent les libéraux, prouve d'une manière évidente que Charles IV ne tenait pas compte de la pétition des Cortès : c'est l'insertion de la loi fondamentale de succession de Philippe V dans la *Novisima Recopilacion*. Ce code fut publié en 1805, c'est-à-dire seize ans après la pétition des Cortès de 1789. Si Charles IV eût eu la moindre intention de déroger à cette loi, il ne l'y aurait pas fait insérer. On dira qu'il lui fallait ou y déroger ou l'insérer. Non, ce code ne déroge pas à toutes les lois qui ne s'y trouvent pas contenues, mais seulement aux lois qui sont contraires à celles qu'il contient. Il y a plusieurs lois en Espagne qui se trouvent en vigueur, qu'on cite et qu'on applique tous les jours, et qui, cependant, n'existent pas dans la *Novisima Recopilacion*. Et quan t à l'autorité de ce code, et à la force des lois qu'il contient, je rappelle à M. de Montoliu l'opinion de Marina, qui reconnaissait en 1820 la *Novisima Recopilacion* comme « le code classique et de pre-« mière autorité entre tous ceux de la nation, » et que c'est précisément la circonstance de son incorporation dans le dit code qui fait que « la loi de Philippe V » doit être préférée.

Je le renvoie de nouveau à l'ordonnance royale qui se trouve en tête du Code, et par laquelle Charles IV ordonna l'observance, accomplissement et exécution de toutes les lois qu'il contient, ajoutant ainsi à leur force légale et leur donnant une nouvelle sanction.

M. de Montoliu peut inventer toutes les raisons qu'il voudra pour expliquer les motifs qui empêchèrent Charles IV de convertir en loi la pétition des Cortès, elles ne seront jamais que des présomptions à lui, et, comme toutes ses présomptions, complètement dénuées de fondement et contraires à l'histoire et à la critique. Il est beau de voir ce monsieur, qni nous entretient si longuement et avec tant d'érudition des amitiés personnelles des conseillers d'Etat de Philippe V et des influences qui pesaient sur eux, ne nous rien dire des amitiés et des relations de Campomanes et de Floridablanca,

qui n'étaient depuis plus de vingt ans que les ins-
truments dociles, les humbles serviteurs et les
complices des philosophes et des révolutionnaires
français. Ne sont-ce pas eux, en effet, qui impor-
tèrent en Espagne la peste des idées révolutionnaires ? Donc, toutes les raisons que l'auteur si-
gnale pour expliquer le retard mis par Charles IV à la sanction et à la publication de la loi
n'ont pas même le sens commun. Enfin on pourrait comprendre qu'il y eût des inconvénients pour
la publier ; mais il ne pouvait pas y avoir aucune
raison pour ne plus s'en occuper, pour ne pas demander un seul des avis que le roi s'était proposé
de prendre, et même pour ne rien préparer, afin de
faire la publication aussitôt que le moment opportun serait arrivé. Et ces inconvénients, issus de
la crainte d'éveiller les susceptibilités du roi de
France, n'existaient-ils pas, n'étaient-ils pas les
mêmes le 30 septembre 1789, quand on recom-
mandait ou plutôt quand on ordonnait aux
« obéissants et complaisants » députés de termi-
ner l'affaire avec toute célérité ?» Comment peut-
on concilier l'empressement d'alors avec la lenteur qui suivit?

Les faits certains et avérés ne sont que ceux-
ci : c'est que Charles IV ne sanctionna pas la loi ;
qu'en conséquence il n'ordonna pas au conseil
d'expédier la pragmatique ; qu'il n'a même demandé aucun des avis qu'il croyait devoir prendre ; et que, par contre, sans en avoir aucun be-

soin, sans y être forcé par aucune considération ni par aucune influence, mais par un acte complète-ment libre et spontané de sa part, il fit insérer dans le code qu'il ordonna de regarder, respecter et garder comme le premier code de la nation, et auquel tous les autres doivent rester subordonnés, la loi de Philippe V, lui donnant ainsi, je le répète, une nouvelle sanction pour laisser un perpétuel témoignage que sa volonté expresse et formelle était de la conserver et maintenir en toute sa vigueur.

CHAPITRE IV

Nullité de la soi-disant Pragmatique-Sanction
de Ferdinand VII.

La pierre qui couvrit les dépouilles mortelles de
la vertueuse Marie-Joséphine-Amélie, troisième
épouse de Ferdinand VII, devait laisser enfermés
en même temps dans cet auguste tombeau la paix,
le bonheur et l'honneur de l'Espagne.

Ferdinand VII avait aimé cette tendre et sainte
épouse avec tout l'amour dont il était capable. Il
n'était pas grand, il faut l'avouer ; mais ce n'était
pas sa faute, il était incapable de faire plus. Il la
pleura donc les premières heures après sa mort
avec toute la sincérité de celui qui aime réellement; mais il l'oublia aussi promptement que
celui qui ne sait aimer que la femme qu'il voit à
son côté.

Ces heures passées, et la même nuit de ce jour

éternellement malheureux pour l'Espagne, l'Infante Louise-Charlotte, épouse de l'Infant Don
François, troisième frère du roi, femme énergi-
que, résolue et audacieuse, qui était l'âme et l'esprit du parti libéral, qui portait dans son cœur
une haine implacable contre l'épouse de l'Infant
Don Carlos, l'Infante Doña Marie-Françoise, connaissant parfaitement le caractère du roi, sa faiblesse et sa passion, entra dans la chambre de Ferdinand, et le trouvant seul, déjà calme et consolé,
lui présenta le portrait de sa sœur Doña Marie-
Christine. Le roi devint amoureux du portrait ;
mais, comprenant que ce mariage ne pouvait pas
être agréable à l'Espagne, il passa deux jours à
étudier la manière d'éviter les difficultés. Il faut
avant tout le plus parfait silence. Le troisième
jour, il appelle une personne de confiance ; il lui
fait part de son secret, et lui demande si elle veut
se charger de la mission d'aller à Naples, et de
traiter l'affaire secrètement avec la reine des
Deux-Siciles sans qu'on s'en aperçoive ni à la cour
de Naples ni à l'ambassade d'Espagne. Cette personne, qui s'appellait D. Pedro Alfaro, consent.
Le roi lui ordonne de chercher une autre personne
qui l'accompagne en qualité de secrétaire. Le lendemain, Alfaro présente au roi le jeune D. Luis
Viado. Le roi leur donne à tous deux ses instructions, leur recommandant de faire leur voyage
par Bayonne, et de traverser la France pour que
personne n'en comprenne pas l'objet. Ensuite il

leur dit : « Eh bien ! à présent il faut penser aux
« munitions de bouche. » Il tire d'un tiroir et leur
met entre les mains cinquante mille francs, tout
en les autorisant à demander plus si pendant leur
voyage ils en ont besoin. Il leur recommande de
faire leurs préparatifs le plus tôt possible et de
revenir deux jours plus tard pour prendre leurs
passeports. Quand ils se présentèrent à ce rendez-
vous, qui pour alors devait être le dernier, le roi
avait déjà en son pouvoir les passeports signés
par son premier secrétaire d'Etat, M. Salmon,
mais sans qu'on y eût écrit les noms des intéressés ni leur profession. « Je n'ai pas voulu dire à
« Salmon, leur dit-il, ni les personnes qui doivent
« se servir de ces passeports, ni l'objet de leur
« voyage. Nous allons les écrire à présent, mais
« non avec vos vrais noms, et il faut chercher
« pour chacun un nom qui convient à vos ini-
« tiales ; autrement vous pourriez être pris dans
« votre mensonge, parce que sans doute votre
« linge sera marqué. » Je ne me rappelle pas le
nom qu'on donna à Viado; Don Pedro Alfaro
voyagea sous le nom de D. Pablo Aragro, et tous
deux comme négociants, ayant été convenu avec
le roi qu'ils diraient partout qu'ils allaient en Sicile
pour acheter des blés. Ils prirent congé du roi, qui
leur donna une petite caisse avec son portrait et
quelques petits cadeaux pour sa sœur la reine de
Naples et deux lettres pour celle-ci, l'une qu'ils
devraient lui faire parvenir comme ils pourraient

pour qu'elle eût connaissance de leur arrivée à
Naples, et l'autre réservée et qu'ils devaient mettre
seulement dans ses mains. C'était dans cette lettre
qu'il lui demandait la main de sa fille.

Arrivés à la capitale du royaume des Deux-Siciles, ils ne trouvèrent aucun moyen de se faire
présenter à la reine. Dans cet embarras, Alfaro,
qui était certainement une des personnes les plus
propres à s'acquitter de commissions pareilles,
prend le parti de se présenter lui-même. Il place
la petite caisse, la lettre non réservée du roi et sa
carte et celle de Viado avec leur adresse dans une
enveloppe sur laquelle il écrit : « A Sa Majesté la
reine des Deux-Siciles, de la part de son frère Sa
Majesté le roi d'Espagne. » Et, avec la caisse sous
le bras, il va au palais royal accompagné de Viá-
do. Ils y pénètrent, montent de suite l'escalier ; et
quand les concierges et domestiques, tout surpris
et indignés de tant d'audace, s'apprêtaient à les
arrêter, ils se trouvaient déjà en haut. Interpellés
sévèrement par un chambellan qui se porta à leur
rencontre, ils s'excusèrent avec un air admirable
d'innocence et d'humilité, prétextant leur qualité
d'étrangers et leur ignorance des usages de la
cour, et disant que leur objet était tout simplement de demander une audience à la reine, à laquelle ils désiraient, comme espagnols, présenter
leurs hommages. Le chambellan leur répondit, ce
qu'ils savaient très bien, qu'il leur fallait la demander ou être présentés par l'ambassadeur d'Es-

pagne. Alfaro, pendant cet entretien, glissa, sans
être aperçu, sur le coin d'une table, la caisse qu'il
avait gardée cachée sous son habit. Demandant
mille pardons au chambellan, qui de son côté avait
accepté avec une grande politesse ses excuses, ils
se retirèrent, et rentrèrent chez eux très inquiets
sur le résultat de cette première démarche. Leur
inquiétude ne devait pas être de longue durée. La
même nuit ils reçurent un pli scellé d'un des chefs
de la maison royale. Leur joie fut complète ; mais,
en l'ouvrant avec l'empressement qu'on peut comprendre, ils trouvèrent qu'il ne contenait qu'un
billet pour visiter les résidences royales. Le jeune
Viado resta désolé ; mais Alfaro, comme bien plus
expert, comprenant que le seul fait de leur envoyer ce billet enfermait une grande signification, se mit à l'examiner de tous côtés, et trouva
en effet dans un des coins du revers ces mots :
« Demain, à une heure, à Portici, » écrits en parfait espagnol *(Mañana, á la una, en Portici)*, d'une
écriture microscopique et évidemment de main
de femme. Ils ne manquèrent pas, cela va sans
dire, de s'y trouver quelques minutes avant
l'heure fixée.

En arrivant à Portici, ils furent étonnés de voir
cette résidence royale remplie de visiteurs. Ils ne
savaient que faire, ni à qui s'adresser, craignant
toujours de commettre quelque indiscrétion. Ils
se trouvaient dans ces incertitudes, quand un
concierge arriva ordonnant à haute voix aux visi-

teurs de quitter la résidence. Ils se préparent à
obéir, et, pleins de confusion, commencent à di-
riger leurs pas vers la porte avec la lenteur naturelle à celui qui ne sait ni que faire ni quel parti
prendre. Mais le même concierge leur fit signe
de marcher encore plus lentement et de laisser
passer tout le monde ; puis il s'approcha d'eux et
les avertit tout bas de rester. Immédiatement, la
reine arriva avec sa fille la princesse Christine.

Après les préliminaires d'usage et naturels dans
pareils cas, la reine laisse sa fille s'entretenir devant une fenêtre avec Viado, et prend à part
Alfaro, qui met dans ses mains la lettre réservée
de Ferdinand VII. Elle la lit et commence à faire
des exclamations de joie. « Quel bonheur pour
« moi que celui de voir ma fille reine d'Espagne !
« Je ne croyais pas que Ferdinand se déciderait
« si vite. J'avais quelque idée de ce projet par
« ma fille Louise, et je m'occupe à obvier à quel-
« que petite difficulté qui se présente. Nous avons
« un demi-engagement avec le grand-duc de
« Toscane, et l'empereur d'Autriche montre pour
« ce mariage le plus grand intérêt ; mais dites à
« mon frère de laisser l'affaire entre mes mains,
« que je l'arrangerai. » En effet, Alfaro et Viado
ne tardèrent pas à quitter Naples pour porter à
leur roi la bonne nouvelle de la parfaite réussite
de leur mission.

Ni l'un ni l'autre ne reçurent alors, ni plus
tard, d'autres preuves de la gratitude royale que

les remercîments que le roi leur fit et la satisfaction qu'il leur montra à leur retour. Il est vrai que tous deux étaient de ces honnêtes gens pour qui la meilleure récompense est la satisfaction d'avoir servi loyalement leur prince. Alfaro était royaliste ; en conséquence, après la mort du roi, il a vécu toujours complètement retiré. Viado, qui était très jeune, a continué sa carrière dans le département des finances sans être arrivé, quand il se retira après plusieurs années de service, à autre chose qu'à la place de second officier du ministère. Il était un de ces hommes du parti libéral modéré qui, tout en se laissant entraîner par le courant des idées modernes, conservent le cœur sain et la conscience droite.'

L'an 1829 n'était pas encore terminé, et à peine six mois s'étaient écoulés depuis la mort de la reine Marie-Joséphine-Amélie, que la sœur de l'infante Louise-Charlotte, la princesse Marie-Christine de Naples était déjà l'épouse de Ferdinand VII et reine d'Espagne.

Je n'ai pas hésité à entretenir si longuement mes lecteurs de la relation de cet épisode, parce que je pense qu'il doit être intéressant pour eux de connaître la manière dont a été préparé et accompli un fait qui est la source première de tous les malheurs de l'Espagne. Je trouve encore que cette histoire peut leur être de quelque utilité pour comprendre le caractère de Ferdinand VII, et calculer ce qu'on pouvait attendre de ce cœur qui ne

lui permît de garder que quelques heures le sou-
venir de la sainte épouse dont il n'était pas digne.
Que dire d'un homme qui, entraîné misérablement
à l'âge de quarante-cinq ans par une passion ins-
pirée par un portrait, ne tourne pas un seul moment les yeux vers le peuple qu'il est tenu de
rendre heureux et dont il doit rendre compte à
Dieu ; qui ne réfléchit pas un instant, qui n'exa-
mine pas, qui ne consulte pas pour voir s'il y
aurait d'autres alliances ou d'autres projets plus
avantageux à l'Espagne ? Mais étudiez sa conduite; elle vous fera comprendre que sa conscience
lui criait qu'il agissait mal, mais que la passion
chez lui étouffait les cris de la conscience : le projet de se marier n'avait en lui-même rien de criminel ; cependant il le prépare, il le conduit avec
le même secret, les mêmes précautions, la même
ruse que s'il s'agissait d'un projet de conspiration
contre la sûreté de l'Etat.

Après sa déroute de 1823, le parti libéral n'avait
pas cessé de travailler, exploitant ce caractère du
roi toujours faible et toujours penchant au mal.
Le parti royaliste n'était pas tranquille. Il ne pouvait pas l'être : il voyait éloignés des affaires plusieurs de ses hommes les plus importants, et les
premières places occupées par des libéraux. Salmon était libéral; le ministre des finances, Balles-
teros, était libéral ; le gouverneur du conseil de
Castille était libéral ; et surtout le secrétaire privé
du roi, Grijalva, était l'ennemi le plus enragé du

parti royaliste. Le roi jouait indignement avec les deux partis. D'un côté, il contentait les libéraux et nourrissait leurs espérances en leur livrant peu à peu la direction des affaires ; d'un autre, il tâchait de les contenir par la peur d'un soulèvement général de la nation. Pour cela il prépara et organisa lui-même l'insurrection de 1827, pour fusiller après les mêmes hommes qui n'avaient pris les armes qu'afin de lui obéir. Le colonel Don Baldomero Arnedo, personne très connue dans la haute société de Madrid, incapable de mentir et moins encore de calomnier, parfait honnête homme et parfait gentilhomme, m'a raconté à moi-même que ce fut lui, précisément, qui reçut des mains de Ferdinand VII l'argent et les dernières instructions que ce roi de triste mémoire envoya au général Bessières pour faire son soulèvement. Quelques heures plus tard, peut-être en même temps, le roi instruisait les autorités des projets de Bessières, et leur donnait ses ordres — qui furent rigoureusement exécutés — de fusiller ce brave, loyal et malheureux soldat. Un certain auteur libéral n'ose pas expliquer pourquoi Bessières, quand il fut fait prisonnier, demandait à grands cris qu'on lui permît de voir le roi, et pourquoi il ne l'obtint pas. S'il en ignorait la cause, ce que je viens de raconter lui expliquera tout. L'auteur des événements de Catalogne fut encore Ferdinand VII. L'infant Don Carlos n'eut pas la moindre part dans des événements qu'il déplorait de tout son cœur et plus que personne. M. de Montoliu manque donc sciemment à la vérité quand il dit, avec sa pétulante présomption d'érudit historien, que « ces événements ne firent qu'augmenter les « craintes que la personne de Don Carlos pouvait « inspirer à Ferdinand VII. »

La personne de Don Carlos n'inspira jamais des craintes à Ferdinand. Celui-ci connaissait parfaitement les hommes, et son frère mieux que personne, puisqu'ils ne s'étaient jamais séparés l'un de l'autre ; et la vie entière de cet auguste, honnête et religieux prince, n'était pour lui qu'une suite non interrompue de témoignages de loyauté, de dévouement et d'amour envers sa personne.

L'infant Don Carlos n'inspirait des craintes qu'aux libéraux, qu'aux révolutionnaires, qu'aux ennemis de son roi et de son Dieu. Voilà pourquoi ils s'empressèrent de remarier Ferdinand VII afin de l'éloigner du trône ; voilà pourquoi l'infante Louise, pour servir son parti et pour satisfaire sa haine contre Don Carlos, s'empressa de présenter au roi le portrait de sa sœur. Si Ferdinand ne s'était pas remarié ou s'il n'avait pas eu de descendants, et si on n'avait pas trouvé dans la farce indigne de 1789 un moyen de lui forcer la main pour qu'il déshéritât son frère, les libéraux n'auraient épargné aucun moyen pour se défaire de celui-ci et de toute son auguste descendance. En voici une preuve :

Les trois infants fils de Don Carlos couchaient

dans une même chambre avec un chambellan. On
y laissait toujours une lampe sur une table. Mais
une nuit, le chambellan, M. Priego, qui devait
coucher dans la chambre, n'aimant pas la lumière
pour dormir, ordonna aux domestiques de mettre
la table avec la lampe derrière les rideaux du bal-
con. En levant les rideaux, les domestiques trouvent, assise sur le parquet, une femme voilée. Ils
l'interpellent; elle ne bouge pas. Ils appellent
leur maître, qui vient, et qui lui demande son
nom deux et trois fois sans qu'elle réponde. Il ordonne aux domestiques de la découvrir, et il reconnaît une Portugaise, ancienne servante de son
épouse, l'Infante Doña Marie-Françoise. Il lui demande comment elle se trouvait là, qu'est-ce
qu'elle y était allée chercher, et par où elle était
entrée, puisque tous les domestiques déclaraient
qu'elle n'était pas entrée par la porte principale
de l'appartement ; elle ne répond rien. On la
fouille, et on trouve sur elle un grand poignard
et un éventail en or garni de diamants. L'Infant
ordonne à ses domestiques de conduire cette
femme à l'appartement de la garde-majeur des
demoiselles d'honneur, avec ordre qu'elle y fût
gardée jusqu'à ce que le roi disposât de sa personne. Il leur ordonna en même temps de ne pas
parler de cette affaire, et se retira dans sa chambre,
ne voulant pas éveiller le roi à cette heure-là. Le
lendemain de bon matin, il entra dans la chambre
de son frère pour lui faire part de ce qui était

arrivé. Le roi, indigné, lui dit de faire de cette femme ce qu'il voudrait. L'Infant lui exposa de hautes considérations pour éviter le bruit et le scandale que cet événement produirait dans toute la nation, et le pria de se contenter d'envoyer cette femme avec son mari aux îles Philippines avec un emploi.

Quoique plus de quarante ans se soient écoulés depuis cet événement, certaines considérations que je dois respecter m'empêchent de révéler quelle fut la porte qui s'ouvrit pour laisser entrer cette femme. C'est par la même raison que je ne peux pas dire non plus d'où sortirent deux hommes masqués qui, une autre nuit, se dirigeaient par la galerie du palais royal de Madrid vers l'appartement de l'Infant Don Carlos, sachant que les deux gardes du corps qui, à cette heure-là, devaient faire sentinelle, étaient libéraux, et en conséquence comptant sur eux, mais ignorant qu'un d'eux, étant tombé malade la même nuit, avait dû être remplacé par un de ses camarades, qui était royaliste. Je dirai seulement qu'ayant reconnu à temps leur erreur par l'attitude de celui-ci, ils purent courir et se cacher dans le palais même sans être jamais découverts. C'est par la même raison que je supprime la relation d'autres faits non moins intéressants.

On voit donc clairement que ce n'était pas la personne de Don Carlos qui inspirait des craintes à Ferdinand VII, mais que la franc-maçonnerie,

qui n'avait pu jamais séduire le premier, malgré
tous les efforts qu'elle avait faits et les innombrables et puissants moyens dont elle s'était servie ;
la franc-maçonnerie, l'ennemie la plus acharnée
de la royauté et de l'Eglise, sachant que ce prince
serait toujours le plus ferme soutien et de l'Eglise
et de la royauté, tenait beaucoup à empêcher à
tout prix que Don Carlos montât sur le trône.

Elle avait remporté une grande victoire par le
mariage de Ferdinand avec Doña Marie-Christine.
Ce mariage ajoutait à l'influence de l'Infante
Louise, et surtout il pouvait détruire toutes les
chances de Don Carlos.

En effet, sous peu de temps la reine se trouvant
enceinte, ces chances paraissaient s'éloigner
beaucoup. Mais cet éloignement ne le détruisait
pas. La loi de Philippe V se trouvant en vigueur,
si Dieu n'accordait à Ferdinand que des filles,
Don Carlos serait toujours l'héritier légitime de la
couronne. La franc-maçonnerie n'est que trop
prévoyante, et ce n'est pas faute de prévoyance
et de précautions de sa part que quelquefois on
réussit à la vaincre. Il lui fallait faire face à cette
éventualité, qui effectivement s'accomplit.

Rien de plus simple pour cela, quand on pouvait toujours compter sur la faiblesse bien connue de Ferdinand VII, que de déterrer je ne sais
d'où cette fameuse pétition des Cortès de 1789, de
supposer qu'elle avait été sanctionnée par Charles IV, et que celui-ci avait ordonné à son conseil

d'expédier la pragmatique-sanction ; de mentir
ainsi à la nation, à l'Europe et au roi même, et de
faire signer à celui-ci le maudit décret qui pri-
vait de ses droits légitimes le prince le plus digne
de sa famille et de l'Europe.

Je n'ai pas lu une seule fois cette soi-disant
pragmatique-sanction de Ferdinand VII sans
éprouver la plus vive indignation. Quelle manière indécente et scandaleuse de faire mentir un
roi à la face du monde entier !

Et quelle excuse veut-on donner à la conduite
de Ferdinand ? Le désir bien naturel d'assurer à
sa progéniture, garçons ou filles, l'hérédité du
trône ? C'est dire qu'il n'y eût qu'un motif purement personnel ; c'est dire que l'intérêt de la nation n'y entra pour rien. C'est dire que Ferdinand, voyant d'un côté son frère et d'un autre sa
descendance, c'est-à-dire lui-même, et trouvant
les droits du premier basés sur une loi datée de
plus de cent vingt ans — reconnue comme valide
et légale par tous les historiens et les jurisconsultes, acceptée par toute l'Europe, devenue la loi
de sa famille, sanctionnée pour la seconde fois
par le même roi, auquel, d'une manière fourbe et
rampante, on en avait voulu extorquer la dérogation, et incorporée en vertu de cette nouvelle
sanction dans le code classique et de première autorité de la nation —, et ceux de sa postérité, dans le
cas où elle ne serait que féminine, appuyés seulement par une pétition des Cortès — nulle d'elle-

même par le d'faut des pouvoirs des députés et
par les vices d'obreption et subreption qui enfer-
maient et la proposition en vertu de laquelle elle
fut faite et la pétition elle-même, et outre cela
rejetée par le roi son père, — se laisse entraîner
par le désir d'assurer à sa postérité, masculine ou
féminine, l'hérédité du trône, se déclarant juge et
arbitre dans une affaire dans laquelle il était in-
compétent — puisqu'il y était personnellement
intéressé —, prononce sentence en faveur de ses
filles, c'est-à-dire en sa propre faveur. Certainement, les défenseurs de Doña Isabelle auraient
pu inventer d'autres motifs qui fissent plus d'honneur à la mémoire de son père.

Mais encore l'hérédité de sa progéniture masculine ou féminine ne se trouvait-elle pas parfaitement assurée? s'il avait des garçons, certainement
la loi de Philippe V ne les aurait pas empêchés de
monter sur le trône; et pour le cas où il n'aurait
que des filles, n'existait-il pas quelque autre moyen
plus légal et plus juste d'assurer leur hérédité?
Quels désirs n'ont pas témoignés les hommes de
bonne foi du parti de Doña Isabelle, quels efforts
n'ont-ils pas faits — quand déjà il était trop tard —
pour arriver à une conciliation des deux branches
de la famille royale, afin d'éviter la reproduction
de la guerre civile, et surtout de rendre pour toujours impossible la révolution par la fusion de tous
les éléments vraiment conservateurs de l'Espagne ! Eh bien ! tous ces efforts, que le défaut de

termes habiles pour les faire réussir a rendus toujours stériles, n'auraient pas été nécessaires si
dans tous ceux qui entouraient Ferdinand VII il
eût existé un sentiment, quelque faible qu'il fût,
de loyauté et de patriotisme. Pourquoi, quand il
en était temps encore, ne pensa-t-on pas à éviter
la guerre civile et la révolution ? Pouvait-il être
douteux pour Ferdinand qu'en respectant, lui, les
droits de Don Carlos, sa fille aînée ne deviendrait
pas l'épouse du fils aîné de son frère, et que, en conséquence, elle porterait toujours le nom de reine ?
Et si on me dit que Ferdinand ne se contentait
pas de cela, mais qu'il avait l'ambition que sa fille
fût reine propriétaire, je répondrai qu'alors c'était
un prince d'une ambition sans exemple dans
l'histoire, et de sentiments si bas et si mesquins
qu'il ne savait sacrifier rien de son ambition à la
paix et au bonheur d'une nation qui avait fait
pour lui de si continuels, de si généreux, de si
héroïques sacrifices.

Mais il faut être conséquent ; et si Ferdinand
voulait mettre en vigueur la loi de *Partida* pour
que sa fille fût reine propriétaire, il tombait,
comme il tomba réellement, ainsi que toute sa
splendide cohorte de ses dernières années, dans
la plus stupide et ridicule inconséquence, se met-
tant en contradiction avec le même droit constitutionnel des *Partidas* selon l'esprit duquel les
femmes sont capables seulement d'hériter de la
couronne, mais non de régner. Elles ne peuvent

pas gouverner; il ne leur est permis réellement
que d'hériter pour faire passer la couronne sur
la tête de leurs maris. La loi IXᵉ du titre Iᵉʳ de
la 2ᵉ *Partida*, qui traite « des manières par les-
« quelles on gagne la seigneurie du royaume,
« déclare que la troisième est par mariage, c'est-
« à-dire quand quelqu'un épouse dame qui soit
« héritière du royaume. » Donc, s'il gagne le
royaume, il est, lui, réellement le roi. Pour qu'il
ne reste pas de doute sur ce point-là, la même loi
l'explique un peu plus bas, quand elle dit que ceux
qui gagnent le royaume par quelques-unes des
manières qui s'y trouvent énumérées, « sont ap-
« pelés vraiment rois; » qu'en conséquence, ils
doivent « être justes et faire justice à chacun »,
et qu'ils doivent se fier plutôt à leurs sujets qu'aux
étrangers, parce qu'ils sont « leurs seigneurs naturels. » Et la loi IIIᵉ, titre xvᵉ, 2ᵉ *Partida*, qui suit
immédiatement la fameuse loi de succession, et
qui traite de la manière dont doit être nommé le
tuteur du roi mineur et de ses devoirs, dit : « Et
« qu'il l'ait (le royaume) en paix et en justice jus-
« qu'à ce que le roi aura vingt ans ; et si est fille,
« celle qui doit hériter, jusqu'à ce qu'elle soit ma-
« riée. » Elles ne régnaient donc jamais, ni avant
ni après être mariées. Mais les libéraux, qui n'ont
cessé de blâmer et de détester *las Partidas* comme
n'étant qu'un amas monstrueux des doctrines des
fausses *Décrétales* et des arguties et des subtilités
du droit romain, et qui n'y ont trouvé rien de

bon, si ce n'est la loi de succession à la couronne, n'avaient aucune raison de s'arrêter devant une inconséquence de plus.

De toute manière, on voit bien que si Ferdinand ne s'arrêta pas à l'idée de la guerre civile et de la révolution, de l'imminence desquelles il était bien convaincu, ce fut parce que ceux qui l'entouraient, loin de vouloir les éviter, avaient le dessein et la mission de les provoquer, c'est-à-dire de faire déshériter à tout prix l'Infant Don Carlos pour laisser le pas libre à la révolution.

S'il y a quelqu'un qui doute encore que ce fut la haine seule des révolutionnaires qui arracha la couronne à la tête de Don Carlos, il peut consulter les furieux discours prononcés aux Cortès de 1834 par Martinez de la Rosa et ses collègues ; et s'il veut encore une preuve que le libéralisme trouvait bons tous les moyens, si criminels et infâmes qu'ils fussent, pour empêcher que Don Carlos arrivât au trône, qu'il se rappelle ce fameux Ponce de Léon qui se présenta en Navarre au quartier-général du roi, et sur lequel on trouva le poison qu'il avait la mission de lui faire avaler, les papiers qui contenaient la preuve de son crime, et surtout le sauf-conduit dont l'avait muni l'ambassadeur de Doña Marie-Christine en Angleterre, le marquis de Miraflores. Qu'on ne suppose pas que je veux rendre complice de cette infamie le marquis de Miraflores ; je sais qu'il a publié plus tard une lettre qu'il dit avoir écrite,

sitôt qu'il eut connaissance de ce fait, à l'évêque de Léon, pour se justifier ; je dis seulement que l'assassin portait sur lui un sauf-conduit signé par l'ambassadeur du gouvernement de Madrid en Angleterre.

Tous ces antécédents prouvent que la publication de la pragmatique-sanction de 1830 ne fut que le premier acte solennel d'une conspiration contre l'héritier légitime du trône, contre la paix et la sûreté de l'Etat, contre la royauté et contre la religion. Et comme la révolution n'a jamais eu de pudeur, il était bien naturel que dans cet acte il n'y eût pas la moindre trace de pudeur. En déterrant des documents d'authenticité douteuse, et qui ne prouvaient que le contraire de ce qu'on prétendait, on supposa publiée, comme ayant reçu antérieurement la sanction royale, une loi qui n'était pas sanctionnée, et dont l'objet était de rétablir une loi d'authenticité également douteuse qui n'avait jamais été promulguée.

Je veux, avant de continuer, expliquer ces mots d'« authenticité douteuse » que je viens d'écrire, tant par rapport aux actes des Cortès de 1789 que par rapport à la loi de *Partida* tant de fois mentionnée.

« Charles IV, dit M. de Montoliu, fit sceller et « placer dans son cabinet le dossier relatif à la « révision du nouveau règlement de Philippe V « avec une note sur la couverture : *Réservé* « *pour le roi seul.* »

Sans doute M. de Montolin a cru prouver de cette sorte l'authenticité de ce dossier et le grand intérêt que le roi avait à le conserver. Pour nous convaincre, il auraitdû nous dire par qui, et quand, et où ce dossier fut trouvé ; s'il conservait la couverture avec la note, par qui et quand il fut scellé et placé dans le cabinet de Charles IV, et par qui et quand la couverture fut mise et la note écrite.

M. de Montolin sait parfaitement bien que tous ces petits détails ; ces minuties, qui sont insignifiantes pour le vulgaire, constituent pour les jurisconsultes, surtout s'ils sont éminents, des données inappréciables. Moi, de mon côté, je vais lui donner quelques renseignements qui peuvent lui être de quelque utilité dans ses investigations.

Si ce célèbre dossier fut en effet remis entre les mains de Charles IV immédiatement après la dissolution des Cortès de 1789, celui-ci montra un tel intérêt à garder cet inestimable trésor, qu'il dut en faire cadeau à quelque ami de sa spéciale amitié ; lequel ami eut en telle estime le précieux cadeau, que sans doute il dut le vendre à son tour pour servir à envelopper des épices.

Don Pedro Cevallos, premier secrétaire d'Etat pendant les dernières années de Charles IV, dans un rapport qu'il fit au ministre d'Etat sur les Cortès de 1789 le 24 octobre 1811, dit : « Je ne « sais pas par quelle fatalité le cahier de ces Cor- « tès disparut des archives ; ce qu'il y a de cer-

« tain, c'est que je l'ai acquis d'un marchand de
« vieux livres et que je l'ai remis au prince de la
« Paix, pour qu'il le plaçât où il convenait. Après
« que je fus nommé premier secrétaire d'Etat, le
« même cahier me fut encore remis confidentiel-
« lement par Don Bernardo de Iriarte, et je le mis
« dans les mains du roi père ; mais je ne peux
« pas dire s'il le garda dans sa bibliothèque par-
« ticulière, ou s'il fut transporté, par son ordre, à
« la secrétairerie de grâce et justice. » Donc, pour
qu'il ne manque rien pour compléter le ridicule
de cette affaire, la soi-disant pragmatique-sanction de Ferdinand VII n'a pas pour base un document placé dès son origine et fidèlement gardé
dans les archives du royaume, mais un document
auquel on ne peut accorder d'autre confiance que
celle que mérite un papier trouvé entre les mains
d'un « marchand de vieux livres, » au pouvoir
duquel on ignore de quelle manière il était arrivé,
sans que, par conséquent, on puisse savoir s'il est
authentique ou s'il fut falsifié ou altéré par le
marchand de livres ou par la personne qui le lui
vendit.

Quant à la loi de *Partida*, je suis parfaitement
sûr que M. de Montoliu et la plupart des alphonsistes resteront étonnés quand ils apprendront
que certains osent mettre en doute son authenticité. Eh bien ! à l'heure qu'il est, nous ne savons
pas si la loi de succession qui se trouve dans les
différentes éditions qu'on a faites des *Partidas,* est

11

la même que l'auteur écrivit, telle qu'il l'écrivit, et telle qu'il se proposait de la publier après
toutes les corrections, ou non. Lequel des manuscrits de *las Partidas*, faits de son temps, doit être
préféré et considéré comme le plus exact, le dernier corrigé, le définitif en un mot? Nous ne le
savons pas. Marina, bibliothécaire de l'Académie
d'histoire, qui écrivit son *Essai sur las Partidas*
pour servir de préface à l'édition de ce code qui
avait été commandée à ladite Académie, et à la
disposition duquel on mit tous les manuscrits
existants dans les bibliothèques et archives publi-
ques, écrit dans ledit *Essai*, nᵒ 479, que dans le
registre (*codice*) B R 4, existe une « différence
« considérable... La loi II, tit. xv, part. 2, dans
« laquelle s'établit le droit de représentation pour
« succéder à la couronne des royaumes, se trouve
« changée substantiellement. » La variation étant
substantielle, on comprend bien qu'elle ne peut
pas être produite simplement par l'erreur du co-
piste; on voit bien, et la manière dont s'explique
Marina le laisse voir clairement, qu'elle fut faite
à dessein. Nous nous trouvons donc avec deux
lois de *las Partidas* sur la succession à la couronne, sans savoir laquelle des deux est la vraie,
laquelle des deux est l'authentique, laquelle des
deux est celle qu'Alphonse X se proposait de publier, laquelle des deux enfin se trouvait dans le ma-
nuscrit ou le registre qu'eurent en vue, et auquel
entendirent accorder force légale supplétoire Al-

phonse XI et les Cortès d'Alcala, qui formèrent l'*Ordenamiento,* quand *las Partidas* n'avaient pu encore être imprimées.

J'ai dit que ladite loi, outre le doute de son authenticité, n'avait jamais été établie. Je n'ai pas besoin de revenir sur ce point, ayant prouvé par la logique irrésistible des faits qu'elle ne fut jamais reçue, qu'elle fut toujours tenue dans le mépris le plus absolu dans tous les cas, sans en excepter un seul, où elle aurait pu trouver son application. Mais on me permettra de m'arrêter un moment pour faire une question à M de Montoliu, qui, comme jurisconsulte et éminent jurisconsulte, doit être parfaitement compétent pour lui donner une solution.

Les Cortès d'Alcala avaient-elles les pouvoirs spéciaux qui sont absolument indispensables pour traiter de la loi fondamentale de succession à la couronne ? pouvaient-elles donc donner quelque force à une loi de cette nature? Nullement. Mais je pense qu'elles ne l'essayèrent pas, que même elles ne s'occupèrent pas de ladite loi. La même circonstance de n'avoir accordé à *las Partidas* qu'une force légale purement supplétoire, prouve qu'elles n'entendirent parler que du code en général, sans tenir compte de la loi de succession au royaume. Les mêmes mots de la loi sont si clairs et si explicites, qu'ils ne laissent aucune espèce de doute sur ce que les Cortès d'Alcala n'eurent d'autre idée ni d'autre intention que celle de donner

aux juges et aux tribunaux une règle pour la décision des cas ordinaires qui sont l'objet du droit
civil et du droit criminel, mais qu'on n'entendait
pas, qu'on ne voulait pas, qu'on ne pouvait pas
émettre une décision sur les points ardus et com-
pliqués du droit constitutionnel. La chose est si
claire, qu'il ne faut pas être un Lycurgue ou un
Montoliu pour la comprendre.

Qu'y a-t-il donc d'étonnant à ce que, jusqu'au
temps de Floridablanca, aucun historien, aucun
jurisconsulte, ni même aucun des rois qui ont
tenté de faire prévaloir les droits de leurs filles,
ne se soit jamais occupé de la loi *de Partida*,
ne l'ait pas invoquée, ne l'ait même pas mentionnée? Qu'y a-t-il d'étonnant à ce que Mariana,
qui écrivait du temps de Philippe II, deux siècles
après la publication de l'*Ordenamiento de Alcalá*,
méconnût l'existence d'une loi de succession à la
couronne, disant que, de son temps, il n'y avait
sur ce point-là d'admis en théorie que les opinions
contradictoires de jurisconsultes, et en pratique
les pointes des lances? Qu'y a-t-il d'étonnant à ce
que Marina dise, en 1820, que du temps de Charles II la loi était obscure?

Cependant, on a fait dire à Ferdinand qu'il *réta-
blissait* la loi *de Partida*, malgré le ridicule dans
lequel tombe celui qui applique le mot « rétablir »
à une chose qui n'a jamais été établie.

Il est vrai que la soi-disant pragmatique-sanction de Ferdinand VII n'est qu'un tissu de men-

songes que ses ministres ont fait dire à ce pauvre
monarque de triste mémoire.

Ferdinand manque à la vérité — que nul n'est plus
tenu de respecter qu'un monarque, surtout dans
ses lois et plus encore dans des lois qui concernent
les intérêts les plus graves et les plus sacrés de
son peuple — quand il dit que les lois du royaume
et la coutume immémoriale établissaient l'ordre
régulier pour la succession à la couronne : car il
ne pouvait ou il ne devait pas ignorer que de telles
lois n'existaient pas, qu'on n'en citait qu'une seule
et que celle-ci n'était pas loi ; car il savait ou devait
savoir, obligé qu'il était de connaître l'histoire de
son pays, que la coutume immémoriale avait été
précisément la contraire.

Il manque à la vérité quand il dit que cet ordre
régulier avait été observé, et qu'il avait valu
d'immenses bienfaits à la monarchie pendant plus
de sept cents ans : car il savait ou il devait savoir
que pendant ces sept cents ans cet ordre régulier
n'avait été observé que dans les cas qui n'of-
fraient aucune espèce de doute ; mais que dans tous
les autres cas, sans en excepter un seul, où la
succession n'avait pas pu se régler de père en
fils par ligne droite de mâles, on s'était toujours
écarté de cet ordre régulier.

Il manque à la vérité quand il attribue à des
motifs et des circonstances éventuelles l'établissement de la loi de Philippe V, parce qu'il n'ignorait
pas ou ne devait pas ignorer que les vrais motifs

furent le besoin d'éviter la reproduction des guerres et des désastres que, par défaut d'une loi qui
établît un ordre fixe de succession, avaient toujours
occasionnés la violation de la coutume immémoriale qui donnait la préférence aux agnats
mâles des lignes transversales sur les femmes de
la ligne droite, le désir juste et hautement patriotique d'empêcher que, par la succession d'une
princesse, la couronne d'Espagne passât sur la tête
d'un souverain étranger — ce qui mettrait en
danger l'indépendance de la nation —, et l'intérêt
général des puissances de l'Europe d'empêcher
une réunion des deux couronnes, qui pût détruire
l'équilibre européen.

Il manque à la vérité quand il affirme que le
roi son père avait dit, en réponse à la pétition des
Cortès : « qu'il ordonnait aux membres de son
« conseil d'expédier la pragmatique-sanction
« d'usage en pareil cas, » parce que ces actes des
Cortès de 1789, qu'on nous donne comme authentiques, sur la foi et la parole d'un illustre « marchand de livres vieux », et qu'il a fait publier, lui
apprenaient qu'on ne pouvait pas prétendre que
Charles IV eût dit : « j'ordonne », parce que cet
ordre n'existait pas. En outre, dans sa réponse,
on n'avait écrit que ce mot « j'ordonnerai », et il
savait très-bien que « j'ordonnerai » est tout-à-
fait différent de « j'ordonne ». En conséquence, on
ne peut pas dire que celui-là a « ordonné » qui
n'a fait qu'annoncer qu'il « ordonnera » ; et le roi

savait encore que cette annonce était faite hypo-
thétiquement, « ayant en vue les avis à prendre»,
ce qui implique cette condition que les avis devaient être conformes à la pétition des Cortès ; et
il savait enfin que Charles IV ne s'était pas même
soucié de prendre de tels avis.

Il manque à la vérité quand il dit que les troubles qui avaient agité l'Europe après la pétition
des Cortès et ceux que la Péninsule éprouva depuis ne permirent pas l'exécution de ces prétendus
desseins de son père, de publier la pragmatique-
sanction, parce qu'il ne pouvait pas méconnaître
que ces mêmes troubles qui agitèrent l'Europe,
loin d'être un obstacle, constituaient la circonstance la plus favorable pour que la loi fût publiée
sans que l'Europe s'en préoccupât, et même on
peut dire sans qu'elle s'en doutât, chaque souverain et chaque Etat ayant assez de soucis et assez
de peine pour défendre sa liberté et son indépendance sans songer aux changements de lois qui
s'opéraient chez les autres. Il ne pouvait pas méconnaître que de 1814 à 1820 et de 1824 à 1830 il
aurait pu trouver plusieurs occasions où la publication de sa fameuse pragmatique-sanction aurait été plus excusable , moins inopportune et
moins déshonorante que celle précisément où il
venait de s'apercevoir que son épouse se trouvait
enceinte. Il ne pouvait méconnaître non plus que
son raisonnement était entièrement ridicule dans
la bouche d'un prince qui n'avait pas hésité à

déroger à la loi de Philippe V en prêtant serment, par un des actes de sa honteuse faiblesse, à la Constitution de 1812.

Il manque encore à la vérité quand il dit : «Vu la résolution prise à son égard (la pétition des Cortès) » par le roi mon bien-aimé père, » parce que tout ce qu'il pouvait avoir vu et tout ce que constatent les actes publiés par son ordre fut que le roi son père n'en avait pris aucune.

Il manque enfin, et plus scandaleusement que jamais, à la vérité quand il dit que la publication et l'exécution de la pragmatique-sanction étaient exigées par l'intérêt de ses sujets, parce que le contraire était si évident pour lui que dès que cette publication eut lieu, il ne cessait de répéter que l'Espagne était devenue une bouteille de bière dont il était, lui, le bouchon, et dont l'explosion serait terrible au moment où le bouchon saute-rait, c'est-à-dire à sa mort.

Qu'est-ce donc ce qu'on fit en 1830 ? Selon M. de Montoliu, on ne fit que publier la pragmatique-sanction de 1789. Les mêmes enjôleurs qui rédi-gèrent le triste document qu'on fit signer à Fer-dinand VII n'osèrent pas y donner place à un si grossier mensonge. Voilà ce qu'on a fait dire au roi : «Par mon royal décret adressé à mon con-« seil le 26 de ce mois, je lui ai ordonné qu'ayant « en vue la pétition originale, la résolution prise « par rapport à elle par le roi mon bien-aimé père « et l'attestation du greffier-majeur des Cortès,

« documents qui lui ont été envoyés, il publie
« immédiatement loi et pragmatique dans la for-
« me demandée et octroyée. . . . .

« Et, partant, j'ordonne à tous. . . . de garder,
« accomplir et exécuter et de faire garder, ac-
« complir et exécuter cette mienne loi et pragma-
« tique-sanction . . . »

Donc, l'expédition de la pragmatique ne fut pas
ordonnée en 1789, mais le 26 mars 1830 ; donc ce ne
fut pas Charles IV, mais Ferdinand VII qui ordonna l'expédition ; donc la pragmatique-sanction n'est
pas de 1789, mais de 1830 ; donc M. de Montoliu
est l'homme le plus ignorant du monde, ou il manque sciemment et scandaleusement à la vérité,
avec le dessein exprès de tromper l'opinion, quand
il appelle cet acte au moins trois fois la pragmatique-sanction de 1789.

Après cette preuve d'ignorance ou d'effronterie, on ne peut pas s'étonner d'entendre dire à
M. de Montoliu : « Quelle difficulté pouvait-on op-
« poser à la publication de la pragmatique-sanc-
« tion de 1789 ? Aucune. Cette loi, de la validité
« de laquelle personne ne doutait, n'avait pas été
« abolie ; ni les Cortès ni le monarque n'avaient
« pas légiféré davantage sur ce point ; et quant au
« défaut de promulgation, nous avons vu ce qu'il
« fallait en penser, et nous avons suffisamment dé-
« montré qu'il n'y avait aucun argument sérieux
« à tirer de l'insertion dans la *Novisima Recopi-*
« *lacion* du nouveau règlement établi en 1713. »

Personne, dit-il, ne doutait de sa validité. Je
réponds à cela que son assertion est si ridicule,
qu'il a fallu une guerre de sept ans, le concours
de trois puissances étrangères et une trahison
sans exemple jusqu'alors dans l'histoire, pour ar-
racher le triomphe à ceux qui niaient cette validité. J'avouerai cependant qu'avant le 31 mars
1830, où la nommée pragmatique-sanction de Ferdinand VII fut publiée, il n'y avait en Espagne que
très-peu de personnes qui pussent se douter de
l'existence de ce que M. de Montoliu appelle la
loi de 1789, qui était parfaitement inconnue à l'immense majorité de la nation. Celle-ci, ignorant
l'incident momentané soulevé sur ce point dans
un coin de l'Espagne, à une époque où il n'y avait
ni journaux ni communications, et où le territoire
presqu'entier se trouvait occupé par les Français,
ne put s'empêcher d'être surprise et indignée en
apprenant pour la première fois en 1830 qu'en
1789, sans l'avoir convoquée pour traiter de l'affaire de la succession à la couronne, sans qu'elle
eût donné aucun pouvoir à cet effet à ses députés,
ceux-ci avaient commis l'indigne faiblesse de se
laisser extorquer une pétition sur une affaire aussi
grave et aussi importante pour ses intérêts sans
compter avec elle, sans s'enquérir de sa volonté,
sans lui demander aucune instruction, sans même
lui rendre compte de ce qu'ils avaient osé faire et
lui demander son approbation.

Il dit ensuite qu'elle « n'avait pas été abolie. »

Naturellement : si elle n'avait pas été établie, si
elle n'avait pas été promulguée, si elle n'avait
pas été sanctionnée, si la pétition avait été rejetée,
comment aurait-on pu l'abolir ?

« Ni les Cortès ni le monarque n'avaient pas
« légiféré davantage sur ce point. » Comment !
publier un nouveau Code, placer à sa tête une ordonnance royale décrétant l'observance et exécution de toutes les lois qui s'y trouvent incorpo-
rées , leur donner de cette sorte une nouvelle
sanction, et y insérer la loi de Philippe V au mépris de la pétition des Cortès de 1789, n'est-ce pas
légiférer ?

« Quant au défaut de promulgation, » ajoute-
t-il, « nous avons vu ce qu'il fallait en penser. »
Moi, de mon côté, j'en ai dit assez sur ce point-là
en analysant la pragmatique-sanction. Mais je
dois ajouter que quand même la pétition des Cortès de 1789 n'eût pas été illégale, quand même il
n'y aurait pas une suite de faits qui prouvent
pleinement que Charles IV repoussa la pétition,
sans qu'il y ait un seul indice de ce qu'il ait
jamais eu la moindre intention de l'agréer, la loi
n'aurait en aucune façon pu être publiée en 1830.
En effet, après plus de quarante ans, c'est-à-dire
près de deux générations, après une si longue pé-
riode pendant laquelle la nation avait été boulever-
sée par une guerre désastreuse et par deux révo-
lutions, il pouvait être survenu une grande variation dans les besoins et dans les intérêts de la

nation, et il était de droit et de rigoureuse justice
de la consulter de nouveau.

Ce n'est pas tout : cette promulgation était
contraire à la loi fondamentale consuétudinaire,
qui n'avait pas été violée une seule fois, qui établissait que la promulgation des lois semblables
devait se faire dans les mêmes Cortès qui en
avaient fait la pétition. Jamais cette loi n'avait
manqué d'être respectée, et le premier cas de
contravention qu'on peut citer est l'attentat commis en 1830.

On essaierait vainement de justifier cet attentat
en s'appuyant sur cette espèce de déclaration dont
M. de Montoliu nous parle, par laquelle les Cortès
de 1789 paraissaient consentir à laisser à l'arbitre
du roi la publication de cette loi. Quelles facultés
avaient donc ces députés pour déroger de leur
seule autorité et par une simple déclaration, sans
aucune formalité légale, à une coutume qui, par
son observance immémoriale et non interrompue,
était devenue une des lois fondamentales du
royaume?

Les autres arguments que M. de Montoliu fait
contre le droit de Don Carlos sont si futiles et si
puérils, que réellement ils ne méritent pas qu'on
s'en occupe ; mais, comme je ne veux rien laisser
sans réponse, je vais le faire en peu de mots,
pour ne pas trop fatiguer mes lecteurs.

« Ni Don Carlos, dit-il, ni la France ne protestè-
rent contre la publication de la pragmatique. » Don

Carlos était maître de faire sa protestation quand il le trouverait opportun. On sait que sa conscience, excessivement étroite, lui fit croire toujours qu'il ne lui était pas permis de rien tenter pour faire valoir ses droits du vivant de son frère. Mais son silence d'alors n'ôtait rien à ses droits et n'ajoutait rien aux droits prétendus de sa nièce. Quant à la France, je ne puis rien dire de positif, parce que je n'ai pas de données certaines; son silence ne pouvait, toutefois, ôter à D. Carlos ce qui lui appartenait de droit. Mais j'ai idée que M. Victor Du Hamel, dans son *Histoire constitutionnelle de la Monarchie espagnole,* que j'ai eu le plaisir de lire il y a quelque temps, parle d'une séance des Chambres dans laquelle le ministère de Charles X, interpellé sur cette affaire, répondit que non-seulement le roi avait protesté, mais qu'il avait été suivi par le duc d'Orléans, Louis-Philippe.

Le serment que Ferdinand VII fit prêter à sa fille par ce qu'on appelle les Cortès de 1833, donne, selon M. de Montoliu, une grande force aux droits de Doña Isabelle. Il ne connaît pas la doctrine catholique par rapport au serment, et même il a oublié le catéchisme de la doctrine chrétienne. Je ne sais pas où cet éminent jurisconsulte aura appris que le serment prêté en faveur de quelqu'un qui n'a aucun droit, peut détruire le droit de celui qui l'a réellement. Du reste, pour lui faire voir la valeur de tels serments, je lui rappellerai que, de toutes les princesses à qui on a prêté serment en Espagne, comme héritières du royaume, Isabelle-la-Catholique seule a vu la couronne sur sa tête.

Il est encore plus ridicule de vouloir s'appuyer sur la Constitution de 1812 et sur celles qui suivirent. La première se trouvait annulée par le même Ferdinand VII. Si Doña Marie-Christine la rétablit en 1836 ; si après on nous a fait cadeau de celles de 1837 et 1845, qui établissaient, de même que celle-là, l'ordre régulier de succession à la couronne, quand même la publication de tous ces fameux codes eût pu être reconnue comme valide et légal, elle ne pouvait pas détruire un droit préexistant, ni faire que Don Carlos ne fût en 1833 le légitime héritier de la couronne. Cet argument appartient exclusivement à M. de Montoliu : il en est l'inventeur. On n'en sera pas étonné, parce que, seul, M. de Montoliu pouvait avoir l'idée de prétendre que le droit à la couronne dépendit, en 1833, de lois postérieurement publiées.

Ne sachant comment se tirer de l'embarras dans lequel se trouvent les alphonsistes et les isabellistes quand on leur fait observer que, quand même tout ce qui a eu lieu en 1789 et 1830 eût été valide et légal, cela n'aurait pu cependant altérer le droit acquis par Don Carlos, qui était né en 1788, il dit avec tout le sérieux d'un homme qui ne sait ce qu'il dit, que toutes les personnes appelées par *las Partidas* et le *Fuero Real* à la succession du trône d'Espagne, et dépouillées de son droit par la loi de

Philippe V, se trouvaient dans le même cas. J'ai déjà dit et prouvé que le *Fuero Real* n'établit rien sur l'ordre de succéder à la couronne ; j'ai déjà dit et prouvé que la loi *de Partida* n'a jamais été en vigueur. Mais je dois dire à M. de Montoliu seulement, non à mes lecteurs, qui sans doute connaîtront l'histoire un peu mieux que lui, que l'ordre de succession à la couronne fut établi en Espagne en 1713 en vertu d'un accord de toutes les parties intéressées, excepté la maison d'Autriche, qui y consentit plus tard par le traité de paix de Vienne de 1725. Mais, puisque je vois que ce jurisconsulte, tout éminent qu'il est, ignore le respect qui est dû non-seulement en vertu des éternels principes du droit, mais par expresse disposition de nos lois, au droit acquis par un tiers, je lui recommande les lois 2me, 4me, 5me, 6me et 8me, tit. 4, liv. 3, de la *Novisima Recopilacion*, dans lesquelles il pourra apprendre quelque chose sur ce point-là.

Voici venir maintenant le plus beau de l'affaire. Quand même D. Carlos eût été l'héritier légitime de son frère Ferdinand, Charles VII se trouverait déchu de son droit par les renonciations faites par son oncle Charles VI et par son père Don Juan de Bourbon. Je veux que ce soit le même M. de Montoliu qui réponde à son argument. Il nous a dit, en parlant des renonciations faites par les infantes d'Espagne Anne d'Autriche et Marie-Thérèse, que l'ayant-droit peut renoncer à son propre droit,

mais pas aux droits de ses fils et descendants. Lui,
qui exagère, en cette occasion, jusqu'au point
d'affirmer que ceux qui ne sont pas nés acquièrent
le droit auxquels leurs pères ont renoncé, veut à
présent méconnaître les droits de ceux qui étaient
nés quelques ans avant les renonciations.

CONCLUSION

––––

Je crois n'avoir pas laissé sans réponse un seul des arguments employés par M. de Montoliu, et avoir prouvé par contre d'une manière parfaitement incontestable :

1° Que la seule loi sur la succession à la couronne qui a existé en Espagne, est celle qui fut établie en 1713;

2° Que cette loi n'a fait que transformer en droit écrit la tradition et la coutume immémoriale, jamais interrompues, en vertu desquelles les femmes ne pouvaient succéder à la couronne, ni en Castille ni en Aragon, que par défaut absolu d'agnats mâles dans la famille royale;

3° Qu'il n'existe aucune autre loi à l'établissement de laquelle on ait procédé d'une manière plus légale et plus valide;

4° Que la pétition des Cortès de 1789 et la soi-disant pragmatique-sanction de 1830, par lesquelles on a prétendu déroger à ladite loi, ne sont que le misérable produit d'un amas indigne de fourberies et de nullités;

5° Que, quand même elles fussent par contre parfaitement valides et légales, elles n'auraient pu jamais détruire le droit acquis de Charles V, qui était né un an avant la pétition des Cortès de 1789;

6° Qu'en conséquence personne qui connaît tant soit peu le droit et l'histoire, ne peut de bonne foi mettre en doute le droit incontestable de Charles VII au trône d'Espagne.

TABLE